浙江文化艺术发展基金资助项目

杭州优秀传统文化丛书

Hangzhou Youxiu Chuantong Wenhua Congshu

此地有名

罗鸿 著

杭州出版社

图书在版编目（CIP）数据

此地有名 / 罗鸿著 . -- 杭州 : 杭州出版社，
2022.8
（杭州优秀传统文化丛书）
ISBN 978-7-5565-1685-8

Ⅰ . ①此… Ⅱ . ①罗… Ⅲ . ①地名—文化—杭州
Ⅳ . ① K925.51

中国版本图书馆 CIP 数据核字（2022）第 003171 号

Cidi You Ming

此地有名

罗　鸿/著

责任编辑　俞倩楠
装帧设计　祁睿一　李铁军
美术编辑　祁睿一
责任校对　陈铭杰
责任印务　姚　霖
出版发行　杭州出版社（杭州西湖文化广场32号6楼）
电话：0571-87997719　邮编：310014
网址：www.hzcbs.com
排　　版　浙江时代出版服务有限公司
印　　刷　天津画中画印刷有限公司
经　　销　新华书店
开　　本　710 mm × 1000 mm　1/16
印　　张　14.25
字　　数　175千
版 印 次　2022年8月第1版　2022年8月第1次印刷
书　　号　ISBN 978-7-5565-1685-8
定　　价　58.00元

序　言

文化是城市最高和最终的价值

我们所居住的城市，不仅是人类文明的成果，也是人们日常生活的家园。各个时期的文化遗产像一部部史书，记录着城市的沧桑岁月。唯有保留下这些具有特殊意义的文化遗产，才能使我们今后的文化创造具有不间断的基础支撑，也才能使我们今天和未来的生活更美好。

对于中华文明的认知，我们还处在一个不断提升认识的过程中。

过去，人们把中华文化理解成“黄河文化”“黄土地文化”。随着考古新发现和学界对中华文明起源研究的深入，人们发现，除了黄河文化之外，长江文化也是中华文化的重要源头。杭州是中国七大古都之一，也是七大古都中最南方的历史文化名城。杭州历时四年，出版一套“杭州优秀传统文化丛书”，挖掘和传播位于长江流域、中国最南方的古都文化经典，这是弘扬中华优秀传统文化的善举。通过图书这一载体，人们能够静静地品味古代流传下来的丰富文化，完善自己对山水、遗迹、书画、辞章、工艺、风俗、名人等文化类型的认知。读过相关的书后，再走进博物馆或观赏文化景观，看到的历史遗存，将是另一番面貌。

过去一直有人在质疑，中国只有三千年文明，何谈五千年文明史？事实上，我们的考古学家和历史学者一直在努力，不断发掘的有如满天星斗般的考古成果，实证了五千年文明。从东北的辽河流域到黄河、长江流域，特别是杭州良渚古城遗址以距今5300—4300年的历史，以夯土高台、合围城墙以及规模宏大的水利工程等史前遗迹的发现，系统实证了古国的概念和文明的诞生，使世人确信：这里是古代国家的起源，是重要的文明发祥地。我以前从来不发微博，发的第一篇微博，就是关于良渚古城遗址的内容，喜获很高的关注度。

我一直关注各地对文化遗产的保护情况。第一次去良渚遗址时，当时正在开展考古遗址保护规划的制订，遇到的最大难题是遗址区域内有很多乡镇企业和临时建筑，环境保护问题十分突出。后来再去良渚遗址，让我感到一次次震撼：那些“压”在遗址上面的单位和建筑物相继被迁移和清理，良渚遗址成为一座国家级考古遗址公园，成为让参观者流连忘返的地方，把深埋在地下的考古遗址用生动形象的“语言”展示出来，成为让普通观众能够看懂、让青少年学生也能喜欢上的中华文明圣地。当年杭州提出西湖申报世界文化遗产时，我认为这是一项需要付出极大努力才能完成的任务。西湖位于蓬勃发展的大城市核心区域，西湖的特色是“三面云山一面城”，三面云山内不能出现任何侵害西湖文化景观的新建筑，做得到吗？十年申遗路，杭州市付出了极大的努力，今天无论是漫步苏堤、白堤，还是荡舟西湖里，都看不到任何一座不和谐的建筑，杭州做到了，西湖成功了。伴随着西湖申报世界文化遗产，杭州城市发展也坚定不移地从“西湖时代”迈向了“钱塘江时代”，气势磅礴地建起了杭州新城。

从文化景观到历史街区，从文物古迹到地方民居，众多文化遗产都是形成一座城市记忆的历史物证，也是一座城市文化价值的体现。杭州为了把地方传统文化这个大概念，变成一个社会民众易于掌握的清晰认识，将这套丛书概括为城史文化、山水文化、遗迹文化、辞章文化、艺术文化、工艺文化、风俗文化、起居文化、名人文化和思想文化十个系列。尽管这种概括还有可以探讨的地方，但也可以看作是一种务实之举，使市民百姓对地域文化的理解，有一个清晰完整、好读好记的载体。

传统文化和文化传统不是一个概念。传统文化背后蕴含的那些精神价值，才是文化传统。文化传统需要经过学者的研究提炼，将具有传承意义的传统文化提炼成文化传统。杭州与丛书作者在创作方面作了种种古为今用、古今观照的探讨交流，还专门增加了“思想文化系列”，从杭州古代的商业理念、中医思想、教育观念、科技精神等方面，集中挖掘提炼产生于杭州古城历史中灵魂性的文化精粹。这样的安排，是对传统文化内容把握和传播方式的理性思考。

继承传统文化，有一个继承什么和怎样继承的问题。传统文化是百年乃至千年以前的历史遗存，这些遗存的价值，有的已经被现代社会抛弃，也有的需要在新的历史条件下适当转化，唯有把传统文化中这些永恒的基本价值继承下来，才能构成当代社会的文化基石和精神营养。这套丛书定位在“优秀传统文化”上，显然是注意到了这个问题的重要性。在尊重作者写作风格、梳理和讲好“杭州故事”的同时，通过系列专家组、文艺评论组、综合评审组和编辑部、编委会多层面研读，和作者虚心交流，努力去粗取精，古为今用，这种对文化建设工作的敬畏和温情，值得推崇。

人民群众才是传统文化的真正主人。百年以来，中华传统文化受到过几次大的冲击。弘扬优秀传统文化，需要文化人士投身其中，但唯有让大众乐于接受传统文化，文化人士的所有努力才有最终价值。有人说我爱讲“段子”，其实我是在讲故事，希望用生动的语言争取听众。今天我们更重要的使命，是把历史文化前世今生的故事讲给大家听，告诉人们古代文化与现实生活的关系。这套丛书为了达到“轻阅读、易传播”的效果，一改以文史专家为主作为写作团队的习惯做法，邀请省内外作家担任主创团队，组织文史专家、文艺评论家协助把关建言，用历史故事带出传统文化，以细腻的对话和情节蕴含文化传统，辅以音视频等其他传播方式，不失为让传统文化走进千家万户的有益尝试。

中华文化是建立于不同区域文化特质基础之上的。作为中国的文化古都，杭州文化传统中有很多中华文化的典型特征，例如，中国人的自然观主张“天人合一”，相信“人与天地万物为一体”。在古代杭州老百姓的认知里，由于生活在自然天成的山水美景中，由于风调雨顺带来了富庶江南，勤于劳作又使杭州人得以“有闲”，人们较早对自然生态有了独特的敬畏和珍爱的态度。他们爱惜自然之力，善于农作物轮作，注意让生产资料休养生息；珍惜生态之力，精于探索自然天成的生活方式，在烹饪、茶饮、中医、养生等方面做到了天人相通；怜惜劳作之力，长于边劳动，边休闲娱乐和进行民俗、艺术创作，做到生产和生活的和谐统一。如果说“天人合一”是古代思想家们的哲学信仰，那么“亲近山水，讲求品赏”，应该是古代杭州人的生动实践，并成为影响后世的生活理念。

再如，中华文化的另一个特点是不远征、不排外，这体现了它的包容性。儒学对佛学的包容态度也说明了这一点，对来自远方的思想能够宽容接纳。在我们国家的东西南北甚至是偏远地区，老百姓的好客和包容也司空见惯，对异风异俗有一种欣赏的态度。杭州自古以来气候温润、山水秀美的自然条件，以及交通便利、商贾云集的经济优势，使其成为一个人口流动频繁的城市。历史上经历的“永嘉之乱，衣冠南渡”，“安史之乱，流民南移”，特别是“靖康之变，宋廷南迁”，这三次北方人口大迁移，使杭州人对外来文化的包容度较高。自古以来，吴越文化、南宋文化和北方移民文化的浸润，特别是唐宋以后各地商人、各大商帮在杭州的聚集和活动，给杭州商业文化的发展提供了丰富营养，使杭州人既留恋杭州的好山好水，又能用一种相对超脱的眼光，关注和包容家乡之外的社会万象。这种古都文化，也代表了中华文化的包容性特征。

城市文化保护与城市对外开放并不矛盾，反而相辅相成。古今中外的城市，凡是能够吸引人们关注的，都得益于与其他文化的碰撞和交流。现代城市要在对外交往的发展中，进行长期和持久的文化再造，并在再造中创造新的文化。杭州这套丛书，在尽数杭州各色传统文化经典时，有心安排了“古代杭州与国内城市的交往”“古代杭州和国外城市的交往”两个选题，一个自古开放的城市形象，就在其中。

“杭州优秀传统文化丛书”团队在传统和现代的结合上，想了很多办法，做了很多努力。传统文化丛书要得到广大读者接受，不是件简单的事。我们已经走在现代化的路上，传统和现代的融合，不容易做好，需要扎扎实实地做，也需要非凡的创造力。因为，文化是城市功能的最高价值，也是城市功能的最终价值。从“功能城市”走向“文化城市”，就是这种质的飞跃的核心理念与终极目标。

2020年9月

（单霁翔，中国文物学会会长）

湖山佳趣图（局部）

目　录

第三辑

凡人故事：善积古称家有庆

第四辑

帝王传说：东南都会帝王州

第一辑

英雄传奇：铁马冰河入梦来

从“胥岭”到“胥江野渡”：英雄的落难与崛起

“胥岭”和“胥江野渡”，都在杭州建德境内，这两个地名已经有两千多年历史了，它们都关乎着一位悲情的英雄，关乎着他的落难与崛起。

故事要从一个无耻的小人说起。

公元前527年，也就是楚平王继位的第二年，一天，风和日丽，楚国太子少傅费无忌带着一群仪仗队往秦国迤逦而去。他此去秦国，是要办一件大事。可惜，楚平王一向忠奸不分，他选派的费无忌是个小人，不仅未曾按照原计划行事，还导致楚平王父子反目成仇，甚至埋下了亡国的祸根。

那么，费无忌究竟是去办了一件什么事呢？

他是奉命为楚国的太子建迎娶一位女子。

在秦国，费无忌很快见到了未来的太子妃孟嬴。费无忌不禁大吃一惊，他甚至不敢相信自己的眼睛：人世间竟有这样美丽的女子？只见她头发乌黑，肌肤胜雪，顾盼生辉，一颦一笑都远远胜过楚国女子。这样的女子是不是只能做太子妃呢？或者，还有更好的安排？费无忌陷入了沉思。他了解楚平王的癖好，认为这是自己邀功领赏的最好时机。一个大胆的念头在他脑海中萌发了。费无忌一边派人安顿好秦国美女孟嬴，一边让人备好马车，他要偷偷地先回一趟楚国。

费无忌很快见到楚平王，他一边察言观色，一边急迫地表达忠诚。他向楚平王汇报说："此女倾国倾城，是天底下绝色的佳人，这天底下最好的一切，理所当然都该属于大王您一个人享用。"楚平王原本就是贪图美色之辈，一听这极具诱惑力的话，顿时心花怒放，瞬间就忘记亲情和伦理。他想立刻见到秦国的美女，还想让她成为王妃，于是即刻下令费无忌全权操办。

就这样，原本应该做太子妃的女子，一下子就成了楚王妃。朝臣们个个敢怒不敢言，楚国的百姓也怨声载道。

事后，楚平王也自知理亏，他担心太子建有怨言，便与费无忌商量对策："怎么处理太子？"费无忌眼珠子一转，坏主意就出来了，他说："这个好办，国君要让太子远离国都，最好的办法就是派太子戍守边城。"

很快，太子建被派往边城，他感到一肚子冤屈无处诉说。

费无忌从此得到楚平王的信任，成了炙手可热的权臣。他担心太子报复，只要一有机会，就到楚平王跟前明目张胆地诋毁太子，一会儿说太子目无尊长，一会儿说太子不懂得感恩。后来，费无忌觉得这些问题都不能奈何太子，就伪造了证据，直接诬陷太子屯兵储粮，说太子很快就要谋反了。楚平王半信半疑，就召来太子太傅伍奢问话。

伍奢非常憎恶小人当道，他曾多次进谏，劝说楚平王远离费无忌，但楚平王哪里听得进去。这次，伍奢见费无忌也在朝堂上，于是朗声道：“国君不能因为听信小人谗言，就疏离了骨肉亲情！”费无忌恼羞成怒，当面诬陷伍奢和太子建串通，说他们正密谋造反，应该被关入大牢。

在费无忌的挑唆下，楚平王完全被谗言蒙蔽了，他怀疑太子，也怀疑伍奢，认为两人都有忤逆之心。伍奢对费无忌怒目相视，对于所有捏造的罪证简直百口莫辩。楚平王于是下令，立刻把伍奢投入大狱，并火速缉拿太子。阴险狡诈的费无忌谄媚道：“大王当机立断，真是英明！伍奢的两个儿子伍尚和伍员都非常人，切不可等闲视之。他俩也应该抓起来。大王可以先派人模仿伍奢的笔迹，给他儿子写信，让他们到朝堂来证明父亲的清白。”

此时，已经有人偷偷禀报太子，太子建赶紧仓皇逃离楚国，往邻近的宋国逃去。

伍尚和伍员却没有那么幸运了。使臣带兵冲进伍家，把伪造的书信交给他俩，叫他们立刻赶往都城面见楚平王。使臣说：“你们只需要去都城证明你们父亲的清白，然后父子三人就可以一同回来。”兄弟俩十分诧异，对着书信商议：父亲是否已经有生命危险了？这信上的措辞为何如此可疑？从使臣的眼神里，兄弟俩已经发现：事情绝对不像他们说的那样简单。伍尚凛然道：“我伍氏三代，对楚国忠心耿耿。父亲更是呕心沥血，教太子治国安邦之策，此心天地可鉴，哪里需要证明？”使臣说：“我们也是奉命行事，希望两位公子速速出发。”伍员拉住伍尚：“这分明是斩草除根之计，我们去了朝堂，必然会与父亲同赴黄泉！还不如保全自己，速速逃走，将来还可以报仇雪恨。”伍尚笑道：“弟弟，你可是害

伍子胥

怕了？父亲是死是活还不知道。我们若是逃走，岂不是要被天下人耻笑，说我们不忠不孝？”

情况危急，伍员见伍尚坚持要去送死，便立刻跨上一匹枣红色骏马，往外跑出一大段距离。使臣慌忙跑出去追赶，伍员却忽然折转身道：“我兄长奉命去证明父亲的清白，我还有公务要处理，谁要来追赶，先吃我一箭。”说着，立刻把弓拉满，对准最前面的使臣。伍员武艺高强，百发百中，这是楚国上下尽人皆知的事情。使臣和身边的差役一愣神，伍员已经策马飞奔而去，马蹄扬起阵阵烟尘。使臣慌了神，连忙命令差役们把伍尚缚住，先去向楚平王复命。

楚平王大怒，下令立刻追捕伍员：“活要见人，死要见尸！杀无赦。”

伍员，字子胥，以骁勇善战闻名。作为出身显赫的贵族公子，他深知“伴君如伴虎”的道理，但他也万万没有想到，自己竟在朝夕之间沦为朝廷缉拿的逃犯。耳畔呼呼的风声一再提醒他，眼前的一切不是噩梦，而是真真切切的生死存亡之时。天下之大，哪里有他的安身立命之处？他没命地逃跑，直到暮色笼罩，到处一片沉寂。此时，周围的山野荒无人烟，唯有夏虫在草间长吟。

他只能选择最险峻的道路。他想，如果能过昭关（在今安徽含山境内），就能逃出楚国的国境，也许还有出路。

他躲在昭关附近的山上，白天爬到树上摘野果子充饥，晚上才偷偷出来打听消息。那里的城门下、百姓房屋的土墙上、驿站附近换马的地方，到处张贴着关于父兄协助太子谋反而被斩首的消息，一旁还有自己的画像……原来，费无忌早就安排好了刽子手，伍尚被缉拿到朝堂时，还来不及有半点辩解之词，父子二人就一起沦为刀下鬼。楚平王还命令最好的宫廷画师，连夜画出伍子胥的像。很快，全国所有关隘都贴满了伍子胥的画像。

伍子胥不由得仰天长叹："苍天啊，为何国君忠奸不分！"他想起慈祥的父亲、宽厚仁爱的兄长，想起父亲平日里对兄弟俩的教诲："要做一个忠勇正直的人，凡事都要为楚国国君和楚国子民考虑。"然而，忠诚正直的父兄却含冤惨死。伍子胥躲在僻静的角落里悲愤地哭泣，恨不能单枪匹马地杀回去，将楚平王与费无忌碎尸万段。

这天夜里，伍子胥又潜行到城门附近，虽然夜深了，但到处都有重兵把守，真是插翅难逃啊！他万分焦急，却又束手无策。忽然，有人从后面悄悄地拍了拍他的肩膀，并示意他不要作声。伍子胥定神细看，此人面容慈祥，还背着药箱，原来是东皋公。此时，东皋公刚出诊回来，无意间见到这个高大的汉子，心下生疑，走近察看，猜出了伍子胥的身份。东皋公偷偷地把伍子胥带回家，并告诉他：楚平王已经布下天罗地网，无论是水路还是陆路，都已经成了死路。连日的逃亡使伍子胥困顿不堪，这一番话，更使他感到愁苦和焦虑。

这天夜里，是逃亡路上最安稳的一晚了，但伍子胥仍然难以入睡。一夜之间，他的满头黑发竟然全白了。清晨，东皋公见此情状，立刻大喜过望地说："这下就有好主意了！"他拉着伍子胥来到铜镜前，指着镜子里的人影，告诉伍子胥说："你看，这分明是一个白发苍苍的老者，哪里还有人认得出是伍家二公子！"为了顺利逃出昭关，东皋公还找来一个年轻的侄子，让他穿上伍子胥的衣服，假扮成伍子胥的模样，先过昭关，让伍子胥远远跟在他后面。

果然，守兵们一看假扮的年轻人，立刻蜂拥而上，把他给抓起来了。伍子胥趁着这混乱的局面，赶紧出了昭关。

终于逃出来了！

回首望了望昭关，伍子胥无限感慨，幸好东皋公能明辨是非，并且不顾生命危险来帮助自己。不然，此时此刻，还不知道自己在哪个山头躲藏着！根据前一天夜里谋划的计策，等伍子胥逃远后，东皋公会带着家里的全部钱财去守兵那里认领侄子，说侄子只是在山上捡到一套衣服穿上而已。"希望他们能平安逃脱。"伍子胥想。他翻山越岭，来到楚国和吴国的分水岭上。站在这片高峻的山岭上，他回身遥望，楚国的千里沃野已经被远远地抛在身后，迎接他的，是不远处吴国的另一派江山胜景。

想起这段逃亡之路，伍子胥百感交集。他来到一块略微平坦的山岭前，拔出宝剑，忘情地且歌且舞。他庆幸苍天有眼，让自己逃出了樊笼。应该为大难不死而欢喜吗？然而，父兄已殁，家破人亡，应该何去何从？伍子胥舞剑完毕，已是满脸泪水。

微风拂过，淡淡的雾霭萦绕在山腰上，依稀看得到山下的村庄以及更远处的平畴沃野。金黄的稻田铺展开，农夫们正在田间劳作，好一派丰收的景象！伍子胥不由得赞叹：真是个好地方啊！他在一块大石头上坐下来，思考着今后的出路。

忽然，他看到一位白发苍苍的老人正提着一箪饭走上山来，伍子胥心下纳闷，此时，离午饭时间还早吧，居然还有人送饭到山里，难道是这老者的儿孙辈在山上耕作？老人见了伍子胥，就把饭递过来了，他笑道："先生饿坏了吧？"伍子胥非常惊讶，但见老人真诚地微笑，也顾不上繁文缛节，端起饭就吃了个精光。

白发老人告诉他，这里属于大畈村（在今杭州建德境内），自己就是大畈村的村民，村里有个习俗，无论什么时候村里有外来的客人，大家都会轮流给他们做一顿饭，这次就轮到老人一家做饭了。

白发老人也不问伍子胥从哪里来，只是引着他走到附近一个山洞前说："先生可以在这里暂住一段时间，把身体养好了，一切都可以从长计议。"伍子胥感激地点点头，这山洞里有石凳、石桌、石床，石洞壁上还有一些奇怪的符号，看上去像天书，完全不认识。但这里，实在是个天然的避难场所。

伍子胥于是住下来，每天习武练剑，一有空闲，他便仔细琢磨洞壁上的"天书"。他本来天资聪颖，博闻强识，再把看到的和曾经学过的融会贯通，慢慢地，他看出一些门道来，懂得了其中的奥秘。原来，这“天书”涉及天文、地理、历法，甚至用兵之道。伍子胥越看越着迷。

有时候，伍子胥也会下山去，跟老农们攀谈，了解土地，了解粮食的收成，有时候还帮他们耕地、收割。他和附近的百姓成了熟识的朋友。一天，伍子胥在江边看到一块布满青苔的大石头，形状很像船舶，他好奇地把苔藓和潮泥除去，发现上面竟然有很多类似于洞壁上“天书”的图案和文字。他仔细研读，得知这块废旧的大石头叫“太古石船”，是一个能够用来观察气象并且了解农耕和收成的宝贝。根据石船上的记载，伍子胥推断出最近几天都是晴天。他把这个消息告诉周围的村民，建议他们第二天出发去捕鱼。由于连日阴雨绵绵，大家根本不相信这个说法，伍子胥很尴尬。然而，第二天红日高照，村民们终于相信伍子胥的“预言”了，他们赶紧准备各种渔具。第三天，大家喜气洋洋地去江里捕鱼，每家每户都有很多收获。后来，伍子胥关于天气的“预言”一一应验，村民们崇敬地把伍子胥称作“神人”。

伍子胥把“太古石船”上记载的内容全部抄录下来，并把这些知识传授给村民。一切就那么凑巧，仿佛是天意一般，等他抄录完毕的当天晚上，江潮涌动，水位上涨，“太古石船”就被淹没在水底了。

在大畈村的这些日子里，伍子胥被村民们的热情好客深深地打动，他们勤劳朴实，过着与世无争的生活，他们从来不打听伍子胥的来历，也不干涉他的生活，只是对于伍子胥预告的天气情况非常感兴趣。每当要收割或者要渔猎时，他们都会先来问问伍子胥，提前安排。此时的伍子胥，已经不再是从前楚国那个不事稼穑的贵族公子。这些日子里，他已经深入了解民间的疾苦，更加同情百姓，乐意为百姓们分担忧愁。

伍子胥在大畈村住了三个多月，他感觉自己精神百倍，仿佛已经脱胎换骨。一天黄昏时候，白发老人又从山下赶来，一见伍子胥就高声喊道："好消息啊，先生！今日在集上看到布告，我吴国国君正在广招人才，先生可以去试一试啊！"伍子胥扶住气喘吁吁的老人，心里十分感动。老人给他指了指都城的方向，伍子胥极目眺望，远山苍翠，江水如带，一叶扁舟正在乘着风浪前行。自己是否正如那扁舟，可以开始新的航行？没有人告诉他。

胥叶渡

寂静的山岭上，唯有秋风阵阵，吹动衣袂，也吹动他的白发……

第二天，伍子胥便向村民一一告辞，他依次叩谢了村里的老人。村民们也依依不舍地向他致以祝福。他们沿着一条溪流，送伍子胥走了很远的路，直到渡口旁边。他们目送他上船，再纷纷向他挥手告别。伍子胥便乘船往吴国都城姑苏（今江苏苏州）而去。船驶了很远，他依然站在船头，回望着那片山岭，还有那小小野渡，心中满是悲伤和感激。

来到吴国都城，无论是文试还是武试，伍子胥都排在最前列。他很快得到吴王的重用。此后，他为吴国修建城墙、完善守备、储备粮草。他根据自己在石洞里所学的知识，还教会了吴国的士兵操练阵法，为吴国的崛起立下了汗马功劳。

当伍子胥为吴国的国富民强打下坚实基础的时候，他的美名也传遍天下，大畈村的村民们十分骄傲，这个将军，就是村里住过的“神人”。他们非常想念伍子胥，把伍子胥路过并停留的这片山岭改名为“胥岭”，把他乘船去姑苏的渡口叫作“胥江野渡”，连大畈村也改名叫“胥村”。这些地名，一直沿用了两千年，并且还将继续沿用下去。

正是胥岭这一片世外桃源般的沃土，给了落难的英雄伍子胥一个潜心静养和东山再起的机会。一朝出得野渡去，便是英雄崛起时。

东平巷：无双国士英名在

“国士无双双国士；忠臣不二二忠臣。”这副对联是明朝的潮州名绅林大春所作，对联里的“双国士”是指在安史之乱中抵挡叛军的张巡和许远。他们忠义刚烈，先后率领几万士兵牵制住号称十八万的叛军，一直到壮烈牺牲的那一刻。他们尽最大可能保护了江淮地区的门户，使得唐王朝能有时间调集兵力，最终取得平叛的胜利。从那以后，全国许多地方都建有寺庙来纪念二人，不少寺庙还是民众自发修建的。千百年来，人们一直被两人的壮举深深感动。

杭州曾经也有纪念他们的寺庙，叫“东平忠靖王庙”。此庙修建于南宋建炎二年（1128），后来遭到损坏，于明朝洪武年间得以重建，人们便将东平忠靖王庙外的巷子改名为东平巷。如今，庙宇已经不在了，但“东平巷”这个地名沿用至今。东平巷位于杭州市上城区内，西起青年路，东面与中山中路相接。

东平忠靖王，即张巡，邓州南阳（今河南南阳）人，出生于唐中宗景龙二年（708）。他从小聪明好学，博览群书，因才气和义气而闻名。他写文章从不需要打草稿，提起笔就写，洋洋洒洒的一大篇写下来，人们往往会争相传阅，都说是好文章。张巡心地善良，仗义疏财，在乡间扶危济困，有极好的名声，很多年轻人都喜欢跟他在一起，还乐意服从他的安排，那时候，他已经显露出将帅的才能。张巡考中进士后，被派往清河县（今河北清河）担任县令。当时，杨贵妃的兄长杨国忠权势显赫，许多官员都去巴结他。后来，杨国忠亲近信任的人都得到了重用，张巡政绩突出却得不到提拔。几年后，他被调任真源（今河南鹿邑）县令，很多人都为他鸣不平，关系好的朋友还劝他识时务一点，但他依然故我，只坚持为百姓做事，从来不向权贵示好。

许远是杭州盐官（今浙江海宁）人，一说杭州新城人，比张巡小一岁，和张巡同为开元末年进士。许远年轻时长得一表人才，时任剑南节度使的章仇兼琼第一次见他就非常喜欢他，认为他将来会有大的成就，想将女儿嫁给他。找人去做媒，许远却不答应，章仇兼琼感到情面上过不去，为此耿耿于怀。后来，章仇兼琼公报私仇，借故把许远贬为高要（今广东肇庆市高要区）县尉。几年后，许远才得以调任睢阳（今河南商丘）太守。许远为官清正廉洁，很受百姓爱戴。

唐天宝十四载（755），安禄山叛乱，叛军到达河南，很快攻陷了洛阳，因声势浩大，气焰猖狂，有几处郡县的长官听到风声就弃城逃跑，甚至还有投降叛军的。张巡的上司杨万石就是其中之一。杨万石提前派心腹送信给安禄山，主动把整个郡县交给叛军。等到叛军到达邻县境内，杨万石又强行命令张巡去迎接叛军。这对张巡而言，无异于晴天霹雳，他竭力反对投降，并一再主动请战，说自己可以带兵埋伏在叛军必经的路上，突袭他们。杨万石并不理睬张巡，怒气冲冲地威胁道："军令如山，你敢不从？"张巡无奈，只得带着一百多士兵悲愤地走出衙门，他坚决不愿意去迎接叛军，但手上没有兵力，不知道该怎样对付敌人。他们路过一处黄帝庙，望着庙里供奉的黄帝塑像，张巡不禁失声痛哭，士兵们也流泪不止。有一个士兵说：“我们愿意听您的吩咐。”其他人跟着异口同声地说：“我们愿意听您的吩咐！”张巡十分感动，下定决心，要讨伐叛军，誓死保护清河县，于是立刻拔出刀来，面对黄帝的塑像，与士兵们歃血为盟。此时，逃难经过此地的百姓，听说张巡要去迎击叛军，都很受激励，当即就有一些青壮年男子自愿加入张巡的队伍。张巡带领这支新的队伍，往雍丘（今河南杞县）赶去。

张巡不知道，此时雍丘县令令狐潮早已经投降。令狐潮带着自己的队伍勾结叛军，在离城几十里外的地方，正和唐王朝的军队进行激烈的战斗。张巡趁机占领了雍丘，斩杀令狐潮的家人，并且收编了雍丘城里剩下的军队。令狐潮得知家人被杀，雍丘被夺，十分气愤，他像红了眼的赌徒，一次又一次带兵来攻打雍丘，想要夺回雍丘。

大敌当前，张巡新组织的这支队伍却并无战斗力，他们来自不同的地方，很多人还是普通百姓，不少人虽然想抵抗叛军，但与统一训练过的士兵不可相提并论，他们缺乏信心，总是感到惶惶不安。面对重重困境，张巡十分冷静。他把唐玄宗的画像挂在大堂上，面对所有士兵，慷慨激昂地陈述了保卫雍丘的重要意义，说叛军烧杀掳掠，根本得不到民心，唯有英勇迎战，才是名垂青史的壮举。最后，他振臂呼喊道：“决不投降，誓死保卫大唐江山！”士兵们深受感染，齐声发誓：“誓死保卫大唐江山！”此后，士兵们振作士气，坚定地听从号令，上下齐心协力，一起面对强敌。

经过几十次激烈的战斗后，城里库存的箭已经快耗尽了。城外，令狐潮的五万士兵把雍丘牢牢围住，而朝廷的队伍还在别处对抗叛军。这个时期，唐玄宗已经逃出京城，由于消息闭塞，百姓不知道他的行踪，谣言四起，又有许多郡县先后投敌。雍丘没有外援，已经成了一座孤城。

张巡巧妙地化用诸葛亮的草船借箭之计，命令所有士兵每人扎一个稻草人。趁天黑之际，他又命部下把这一千多个稻草人披上黑衣扮成士兵，再把稻草人系上绳子，从城墙上放下去。因夜里看得不真切，令狐潮只以为张巡部下个个身怀绝技，能够飞檐走壁，便不敢贸然对抗，就下令用弓箭射击。一阵箭雨过后，张巡命令部下把稻草人全都拉上城楼。令狐潮这才发现上当了。

张巡于是收获了几万支箭。第二天夜里，张巡又命令部下把部分稻草人放下城楼，令狐潮见了，以为又是张巡在“借箭”，嘲讽张巡又在“玩把戏”，就下令部下不许上当，一定要按兵不动。然而，这一次，只有极少数“稻草人”是真的稻草人，更多的却是张巡手下最得力的干将，他们跟随张巡，趁对方毫无防备之际，杀入令狐潮的大营，令狐潮的部下乱成一团，伤亡十分惨重。令狐潮如梦初醒，大呼：“又上当了！”此时，张巡已经带着部下迅速返回雍丘城里。城墙戒备森严，令狐潮没奈何，恨得咬牙切齿，在城门外破口大骂。张巡根本不理睬他，只安排部下进营房休息，养精蓄锐，准备再战。

令狐潮发现，自己虽然兵力很占优势，但是想困死张巡根本不可能。接下来经过几场激烈战斗后，令狐潮又损失了不少士兵，他只好悻悻地离开，打算去攻打其他地方。

唐至德二载（757），安禄山的部下尹子奇，带着十三万士兵向军事重镇睢阳进攻。时任睢阳太守的许远向张巡求助，两人的部队很快会合在一起，共同对抗叛军。

许远主动让贤，他对张巡说：“我指挥作战的能力不如你，所有的队伍由你负责，我只负责守城和供应物资。”

于是，两路士兵均由张巡统一指挥。他们总共几万人，却要与城外十多万敌人作战。张巡知道不可硬拼，每次趁叛军休息的时候，就带兵偷偷袭击，等对方准备迎战的时候，张巡又带领部下赶紧回到城里。叛军经常被弄得疲惫不堪。

张巡的部下有一名神箭手，名叫南霁云，他在城墙上多次观察，想射死尹子奇。但尹子奇非常狡猾，每次指挥打仗的时候，就让周围的侍卫和他穿一样的衣服，张巡的队伍里没有谁能认出尹子奇。张巡想出一计，故意让部下用秸秆射击叛军，叛军士卒一见秸秆就大喜过望，认为守军物资缺乏，箭已经用尽，赶紧去向尹子奇汇报。这样一来，张巡和部下立刻认出了尹子奇，南霁云迅速张弓搭箭，一箭射中尹子奇的左眼。尹子奇带兵狼狈逃窜而去，睢阳得以暂时转危为安。

许远趁叛军离去，赶紧带兵去外地征集了几万石粮食，然而，还没运回睢阳，河南节度使虢王巨就强制命令许远，必须把睢阳的粮食分给周边郡县，否则按军法处置。许远无奈，只好压抑着满腔怒火，把粮食分出一半。可恨的是，济阴郡的守将得到粮食后，立刻将城池献给了叛军，许远分给他们的粮食也被叛军所用。

尹子奇再次带重兵攻打睢阳的时候，张巡的队伍已到弹尽粮绝的境地了。士兵们多次浴血奋战之后伤亡惨重，而周边郡县的唐朝大将们或持观望态度，或嫉妒张巡的盛名，并不给予援助。张巡带领士卒们捕捉鸟雀，甚至吃草根树皮，依旧死守睢阳。

最后，叛军涌上城楼。张巡和部下已经因缺吃少喝，衰弱到无力举起刀剑的程度。张巡拼尽力气对京城方向遥拜："臣已经竭尽全力了，不能保全睢阳，惭愧啊！活着不能报答陛下，唯有死后做厉鬼去斩杀叛军！"在场士卒无不潸然泪下。张巡和许远以及剩下的勇士一起被俘。他们不屈不挠，最后惨死于叛军之手。

睢阳城失守，但张巡和许远麾下的守军鏖战了整整十个月，他们牵制了十几万叛军，先后经历大小战役四百多次，斩杀叛军大小头目几百人以及士卒两万多人，有力地延缓了叛军攻掠的进程，为唐王朝平定安史之乱立下不朽的功勋。从某种程度上来讲，唐王朝得以保全江山，正是因为他们在睢阳的坚守。两人功勋斐然。

安史之乱后，朝廷追封张巡为扬州大都督、东平忠靖王等，追封许远为荆州大都督。睢阳和雍丘百姓也得以免徭役赋税三年。此后的唐朝帝王均将张巡、许远列入最上等功臣。

韩愈曾说："守一城，捍天下。天下之不亡，其谁之功也！"给予两人极高的评价。韩愈被贬官到潮州（今广东潮州）任刺史之时，还在潮州修建了双忠庙，纪念张巡和许远。

那个时期，全国许多城市都修建了双忠庙或者东平王庙，杭州也是其中之一。张巡和许远忠贞报国的信念和舍生取义的从容，千百年来感动着一代又一代中华儿女。时至今日，人们走在杭州东平巷，遥想张巡与许远在睢阳浴血奋战的雄姿，也会为他们唏嘘感慨，"无双国士""不二忠臣"，两人的英名永存。

德胜桥：蕲王忠勇平乱局

老德胜桥和蕲王路分别位于杭州市拱墅区和上城区，这两处地名的来历都与韩世忠有关。老德胜桥西接夹城巷，东连长板巷，曾经叫“堰桥”。南宋时期，韩世忠平定“苗刘兵变”，从此地得胜归来以后，这里就改名为“得胜桥”或称作“德胜桥”。

靖康之变后，宋高宗赵构在南京应天府（今河南商丘）登基。因金兵追击，赵构不得不从商丘逃到扬州，再从扬州逃到杭州，一路逃亡，十分狼狈。当时王渊担任都统制，护驾有功，赵构十分依赖他。王渊平定陈通的叛乱后，又借平乱之由，把杭州城里的珠宝钱财搜刮干净，并装满几十艘大船运往扬州。而金兵突袭扬州之前，王渊又调度船只，把这些财宝从扬州运回杭州。这种以权谋私的行为，导致几十万扬州人无船渡江，在江边惨遭金兵杀戮。然而，宋高宗并没有惩治王渊，反而提拔王渊等人。而对于担任警卫、护送皇妃皇子的苗傅、刘正彦，宋高宗却并没有给予封赏，导致这两人十分不满。此后，内侍康履等人狐假虎威，认为自己是皇帝身边的人，对将军们颐指气使，使得苗刘二人更加愤愤不平。一场血雨腥风的兵变正在酝酿中。

南宋建炎三年（1129）三月，刘正彦在城北桥设下伏兵，截住上朝回府的王渊。他迅速杀死王渊后，与苗傅的军队会合。他们打着“清君侧”的旗号，想除掉以康履为首的宦官。于是，上千人的队伍浩浩荡荡地冲到北门，沿途凡是遇见没有胡须的男子，就当作皇帝行宫里的内侍，一律砍杀。他们总共杀死一百三十多名内侍，其中不乏无辜百姓，却漏掉了内侍总头目康履。队伍继续逼近皇宫，因城门关闭，他们遂高声齐呼：“求见皇上，为天下除害！”起初高宗皇帝躲了起来，不知所措。在宰相朱胜非的努力下，高宗终于答应，亲自到城楼上安抚军心。苗傅和刘正彦要求诛杀康履，高宗很无奈，只好按照他们的要求，把康履五花大绑从城楼吊下去，由苗刘的队伍处置。康履立刻被杀死在皇宫外。

苗刘二人并未善罢甘休，他们进一步要求宋高宗把皇位禅让给三岁的皇子赵旉，由孟太后垂帘听政。孟太后是被宋哲宗废黜的皇后，当时已经五十多岁了，长期吃斋念佛，根本不懂朝政。此时，“清君侧”已经突变成谋反。在这场兵变中，宋高宗赵构虽然高居城墙之上，不断与苗刘二人斡旋，但皇帝的威望已经丧失，苗刘二人越来越猖狂。宰相朱胜非与赵构悄悄地商量，认为只能用缓兵之计，让宋高宗表面上答应退位。苗刘二人等着皇帝把退位、换年号的一系列诏书颁发后，才答应退兵。他们还逼迫赵构搬出行宫，对外宣称他是“太上皇”，实际上已经把他监禁起来。宰相朱胜非只好表面上听从苗刘二人，实际上暗暗与太后密谋，派亲信去请韩世忠，让他火速到杭州解救宋高宗。他们深知：唯有韩世忠才能力挽狂澜。

韩世忠（1090—1151），字良臣，出身于贫寒家庭，年少时喜欢行侠仗义，十八岁参军后，在战场上奋勇杀敌，从普通士卒开始一路被提拔到将军。韩世忠在南宋朝廷中享有盛名，当他还是王渊手下一员小将的时候，正逢朝廷派兵平定方腊，他孤身一人生擒方腊，立下奇功。后来韩世忠担任将领，曾经率领三百名士兵组成的敢死队，杀入金军营帐，砍死主帅，以至于金兵慌乱中逃跑踩踏，死伤严重。从此以后，金军听闻韩世忠的威名便自然惧惮三分。南宋军营里一直盛传着韩世忠能“于万军之中直取上将头颅”，虽有夸张的意思，但足见其神勇。

很快，任江淮两浙制置使的吕颐浩也察觉到朝廷发生变故，他立即召集张浚、韩世忠等起兵勤王。韩世忠正在盐城一带，他的部下士卒不多，但他信义著于四海，百姓都知道他忠勇而贤明，愿意听他的号令。他很快就召集了一些散兵，组织成新的队伍，暂时驻扎在秀州（今浙江嘉兴）。

苗刘二人听到风声，因惧怕韩世忠，便慌张地商议对策，他们认为韩世忠会对天下局势持观望态度。有人告诉苗傅，韩世忠的夫人梁红玉和孩子都还在杭州城内。苗刘便派兵把韩夫人软禁起来，他们想把韩夫人和年幼的孩子作为人质来要挟韩世忠。但他们的如意算盘打错了，韩夫人梁红玉并不是一般妇女，她有勇有谋，胆识过人，在战场上杀敌不逊于一员猛将。韩夫人假意站在苗刘二人的立场上，盛赞他们杀死康履等宦官是“为民除害”，以降低二人对她的防备之心。韩夫人还趁此机会向苗刘二人“献计”：“我愿意出城去劝说我家将军，让他放弃攻打杭州。”此前朱胜非也曾告诉苗刘二人：“韩将军十分重情义，让韩夫人去劝说是最合适的。”苗刘二人不知是计，便爽快地答应了。韩夫人回家抱了孩子，策马飞奔，历时一天一夜便到达秀州，与韩世忠团聚。韩夫人把杭州城的真实情况一一告诉韩世忠，希望他立刻攻打杭州，救出圣驾。

韩世忠、梁红玉雕像

很快，苗傅假传的小皇帝圣旨也到了，韩世忠当机立断，把“圣旨”烧毁，并杀死使者。韩世忠迅速往杭州进军，并与已经驻扎在城外的张浚部会合。

在韩世忠的指挥下，勤王的军队一举突破苗刘军的防线，直逼余杭门一带。此时，天色昏暗，大雨倾盆。苗刘军在堰桥附近的运河里放了很多鹿角状的木杈，又摆下阵势，希望阻止韩世忠队伍的进攻。然而，韩世忠带兵突围过来，根本不走水路，苗刘设下的木杈毫无作用，他们暗暗叫苦，便寄希望于阵法。但韩世忠又异常迅猛地破了他们的阵法。苗刘二人惶惶不安，不知如何是好。慑于韩世忠的威名，苗刘队伍里很快就有将领临阵脱逃，军心渐渐涣散。苗刘二人只听得韩世忠部下在雨中呼喊：“活捉苗刘！斩杀叛军！”他俩吓得魂飞魄散，再也无心恋战，就带兵往涌金门一带逃跑。为了逃命，他们甚至沿途不断放火，但暴雨越来越大，火焰根本无法燃起。苗刘的队伍在雨中溃不成军，他俩也顾不上其他人了，只顾自己拼命逃窜。

韩世忠派部下追赶叛军，自己冒雨疾驰，奔向凤凰山的行宫。赵构一见韩世忠，已激动得泪花奔涌……

堰桥一战，为韩世忠平乱取得决定性胜利。勤王军队顺利地从堰桥进入杭州城。此后，百姓们都称呼堰桥为“德胜桥”,以纪念韩世忠在危难之时这一扭转乾坤之举。

不久，韩世忠带兵追击苗刘的残余部队，并先后生擒了刘正彦和苗傅。二人被斩杀的消息很快传遍了杭州城，人们奔走相告，激动不已，纷纷赞扬韩世忠的神勇。

很快，孟太后还政于宋高宗，高宗逐一封赏功臣，韩世忠被任命为浙西制置使。此次平乱，确立了韩世忠在南宋将领中的名声和地位。

韩世忠为人耿直，从不攀附权贵。他与岳飞力主抗金收复失地，而秦桧等人却主张妥协。正当岳飞的抗金大军取得一定胜利的时候，赵构却担心打赢了金兵，就会迎回宋钦宗，必然就会影响自己的皇位，便听信秦桧的谗言，一天之内发十二道金字牌，命令岳飞罢兵回杭州。为了削减兵力，韩世忠也被任命为枢密使，实际上是被免了兵权。岳飞父子被捕下狱，朝中无人敢言，但韩世忠见到秦桧就当面斥责他：“岳飞父子有何罪过，为何将其关押？”秦桧慑于韩世忠的凛然正气，以“莫须有”的罪名想搪塞过去，然而韩世忠怒斥道：“莫须有能服天下吗？”秦桧哑口无言。

岳飞父子被害后，抗金的大好局势也丧失殆尽，韩世忠愤然辞去枢密使的官职。到了晚年，韩世忠更是辞官闭门，不理朝政之事，他的心中有太多的苦闷。

韩世忠死后被追赠为太师、通义郡王，到宋孝宗时，又被追封为蕲王。民国时将南起学士路、北至长生路西段的一段路称为“蕲王路”，以纪念韩世忠。

韩世忠在危难关头神勇救驾，德胜桥见证了他爱国忠君的一片赤诚之心。

金祝路：军士舍身护家国

杭州市西湖区有一条金祝路。大家或许会问："金祝"是什么意思？南宋时期，这里出过两位热血男儿，即金胜、祝威两位军士，他俩带领士卒和民众在此抵抗金兵，为保卫杭州献出了宝贵的生命。杭州人民为了纪念他们，在此处修建了金祝庙，人们称旁边的路为"金祝路"，后来还衍生出很多以"金祝"为名的地方。

南宋建炎三年（1129），金兀术率兵南下，号称十万大军，他们渡过长江，直奔杭州。此时的南宋朝廷正处于风雨飘摇之中。宋高宗赵构为了躲避金兵，两年以内已经辗转几个城市，从汴梁（今河南开封）逃到南京应天府，然后到扬州、镇江，最后到杭州才勉强安定下来。然而，金兵依旧入侵南方，并穷追不舍，声称要活捉赵构，迫使赵构再次弃城，仓皇地往东南逃亡。

此时的钱塘县作为杭州所辖县，首当其冲，遭到金兵的入侵。县令朱跸没有跟着逃跑，而是立刻率领部下金胜、祝威带着弓箭手和两千名骑兵到离城二十余里的地方迎敌。金兵来势汹汹，金兀术根本不把朱跸的队伍放在眼里，还扬言道："区区散兵游勇，都不够垫我大金铁骑的马蹄。"朱跸也自知势单力薄，但一再号令部下：

“不惜一切代价困住金兵，才能救得了身后的父老乡亲！”部下于是齐呼号令：“誓死保卫钱塘！誓死保卫钱塘！”声音响彻云霄，士气大振。金兀术见状，不由得气急败坏地下令：“放箭！”一时箭矢如雨，不少宋兵应声倒下，大部分宋兵依然不屈不挠奋力抵抗。激战了一整天后，朱跸被流矢所伤，身中两箭，金胜、祝威赶紧扶起他。朱跸忍住伤痛，下令往后撤退至天竺山，而金兀术则派完颜弼带兵追击。

不久，朱跸因伤势过重而牺牲，士兵们悲伤地掩埋了他，并推举金胜、祝威为首领，继续拼死作战。

经过几天的血战，金胜、祝威共同商议：金兵擅长骑马射箭，但对南方的水战并不熟悉；金兵虽然人多，但远远不如宋兵熟悉地形，要利用有利的地形条件作战。他们一边部署防守的策略，一边往葛岭方向退去。金兵不知是计策，继续进攻。

这天深夜，金胜、祝威安排众位将士和附近百姓在湖边紧锣密鼓地“修路”。葛岭一带长满了竹子，下临西湖，他们正利用这个有利的地形，把挖来的淤泥混杂着竹枝、竹叶，一担一担地挑到西湖岸边，堆积、覆盖，到天快亮的时候才伪装出一条“临湖大道”。

清晨，西湖笼罩在淡淡的雾霭中，一切宁静而祥和，宛若人间天堂。金兵首领完颜弼见此美景万分欣喜，立刻下令进攻，要直取县城。骑兵们于是一跃上马，横冲直撞，直奔“临湖大道”。为首的几匹马飞奔过去便仰天长嘶，只见那竹叶覆盖的幽静“大道”忽然塌陷，成了暗器四伏的沼泽地。锋利的刀箭，削尖的竹片，甚至农具、铁匠铺的铁钩子……全部都从淤泥里冒出来了。说时迟，那时快，只见马匹前腿折断，后腿跌落，士兵们摔得前仰后翻。完颜弼慌忙命令后退，但哪里来得及，前面一批骑兵跌倒，后面一批骑兵根本无法勒住缰绳，只好眼睁睁地跟着跌倒。金兵还没完全明白眼前遭遇了什么陷阱，金胜与祝威已经和部下挥刀杀过来了。一时间，这个伪装出来的“临湖大道”上，到处是摔死的、折断腿的马，还有陷入泥淖的金兵。金胜、祝威的部队越战越勇，金兵却无还手之力，人和马的尸体堆积成小山一样，数不胜数。

此后，金胜、祝威又几次巧妙利用葛岭周围的地形，在沟壑间铺设木板，在竹林里巧设陷阱，金兵防不胜防，连续遭到挫败。

完颜弼发现一切并不像最初预想的那样容易，而是被困在城外，根本无法进攻。他狡诈地换了打仗的策略，下令兵分两路：一路虚张声势，与金胜、祝威作战，牵制金、祝的队伍；另一路则绕道而行，从后面偷袭。

金胜、祝威的队伍腹背受敌，寡不敌众，最终战败。他俩被俘后，宁死不屈，慷慨就义。这天夜里，钱塘县风雨大作，天地惊，鬼神泣，百姓悲恸。人们冒雨偷偷地收尸，安葬了两人。

南宋建炎四年（1130），金兵撤离江南，宋高宗赵构重新回到杭州。此时，杭州百姓已经建了祠庙，祭祀金胜、祝威。宋高宗赐庙额为“灵卫”，人们习惯称之为“金祝庙”。不久，人们又在祠庙一里以外的地方修建牌楼，称“金祝牌楼”。宋理宗即位后，分别册封金胜、祝威为忠佐侯、忠佑侯。为了纪念这两位热血男儿拯救杭州的忠义，周围还陆陆续续出现了金祝村、金祝巷。

白云苍狗，岁月悠悠，如今祠庙和牌楼已经不在了，

葛岭冬色

唯有葛岭巍然屹立，西湖碧波依然，而杭州人民也不会忘记这两位官职不高但赤胆忠心的热血男儿。他们为保卫杭州而献出生命，令世世代代的杭州人感念。在城市的发展中，由金祝路还延伸出金祝西路、金祝北路、金祝花园、金祝社区等，处处都在纪念金胜和祝威，他们永远活在杭州人民的记忆中。

欢潭村：军民欢饮留美潭

南宋抗金名将岳飞，年仅三十九岁就被昏君奸臣以“莫须有”的罪名陷害致死，其冤屈令山河失色，万民同悲。“青山有幸埋忠骨”，这一名句写出了千百年来人们对岳飞的敬仰和缅怀。杭州，作为南宋都城，也是岳飞遇难之地，留下了无数有关岳飞的传说，更有很多与岳飞有关的地名，比如岳王庙、岳王路、岳帅桥、岳帅里、岳营巷、岳家湾、欢潭村等。

这里说一说欢潭村的来历。欢潭村，位于杭州市萧山区南部。相传，南宋岳飞率兵抗金，行军至村口，见泉水潭，与士兵们欢饮止渴，所以得名。

据传，南宋时期的某一年夏天，杭州大旱，接连两个多月没有下雨。炎炎烈日下，田地龟裂，庄稼干枯。有一天，岳飞带领岳家军顶着烈日在山路上小跑着，他们要赶赴前线抗击金军。天气实在太热了，士兵们把随身携带的水壶都喝干了，大汗一出，每人都感到唇焦口燥。岳飞很怜惜士兵，他不断派出士兵到附近打探，看是否有山泉、小溪，可是偏偏不凑巧，所到之处，到处都是一片干涸之地。岳飞非常着急，他想：能不能在附近找个湿润的地方，打一口井来救救急？但转念一想，沿途

欢潭铭

都是山岗，哪里能打出井？况且时间紧迫，也不容许这样耽搁。

正当他一筹莫展之时，有士兵来报："刚才在前面的山梁上，看到山下有个小村子。"将士们一听，都来了精神，岳飞也笑了："既然有村子，就肯定有井。大家坚持前进，半个时辰后就有水了！"

翻过山梁，果然看到一个村子，远远望去，村口的石栏围着的可不就是一口井？走近一看，那井水十分清澈，但井口很小，岳飞看看身后黑压压一片的士兵，开始了新的担心：这么点水，够喝吗？村民们如果要急用水又怎么办？他下令所有士兵暂时休息，然后又派一名士兵去村里打听。岳家军向来纪律严明，他们的口号是"冻杀不拆屋，饿杀不打掳"，绝对不能影响老百姓的生活。即使是要到井里打水喝，也要征得老百姓的同意。没过一会儿，那个打听消息的士兵回来了，他告诉岳飞，村里约有三十户人，几乎都关着门，大概都出门去了。

他还说，整个村子，只有这一口井。岳飞很惊奇，难道老人小孩都出门了吗？他决定让士兵们再等等。

不久，一行人从对面山上缓缓走下来，他们每人都捧着瓦罐，神色凝重，显得十分疲惫。岳飞便迎上去，向为首的白发老人作揖道："在下岳飞，带兵路过此地，士兵们口渴难耐，可否在贵村的井里讨些水喝？"老人和村民们惊讶地打量着岳飞和他身后的队伍，他们愣了半晌后，都纷纷激动地说："是岳家军啊！当然可以！"白发老人连忙叫身后的村民用瓦罐给士兵们舀水。一时之间，村民们都激动地拥过去，围着井口。等其中一人拿木桶提出井水，其余人从木桶里依次舀起水，再把水罐给士兵们递过去，配合十分默契。小小的井沿上，清凉的水花四溅，忽然之间就热闹了许多。士兵们高高兴兴地排着队，一旦喝过水便自觉退到队伍后面，下一批士兵又接过水罐。岳飞站在旁边看着，他要等大家都喝过水后才会最后去喝。

岳飞问老人："乡亲们这是从哪里回来？怎么这么

欢潭

巧，大家都捧着水罐呢？”老人告诉岳飞，这两个月大旱，对面山上的田地全都干涸了，为了保住秧苗，从昨天开始，村里人就到井里打水，再去各家田里浇水。老人接着又说：“今天能够给岳家军提供饮水，大家都非常高兴！”岳飞听了非常感动，想起沿途所见的干旱景象，又感到内疚起来。正在此时，一个小孩大声嚷道：“井里干了，要等一会儿才有水啦！”岳飞和老人赶忙去看，只见那井水已经被舀完了，井底有一个小口，正在慢慢渗出新的井水，可是这水渗得也太慢了。老人告诉岳飞，井底的水源原本很大，但他们村子小，就只用了一小股水，其余的都被井底的石头盖住了。老人感叹道：“早知道今年这么干旱，以前就该开一个大的口子啊！”

岳飞若有所思地看着井底，说：“不如我们把井底挖深一点，把井口掏大一点，您老人家觉得如何？”老人点点头：“那当然好啊，什么时候挖呢？”“就现在吧！”岳飞说。他叫来几名喝过水的士兵，说要一起去村里拿农具来掏井。老人吃惊地看着他，没想到他动手这么快，说干就干了。

锄头、铲子都找来了，村民们纷纷往后退，几名壮实的士兵已经围着那口井干起来了。

就这样，泥土一铲子一铲子地掏出来，石头一小块一小块地捡出来，一口小井变成了大井。几大股清亮的泉水从井底喷涌而出，一口大井又成了一个大潭，村民们兴奋地围着潭水又唱又跳，仿佛过节一般开心。岳飞舀起一大罐水，高兴地一饮而尽，赞叹道：“好水！”白发老人握住岳飞的手，激动得泪花闪烁，他不停地说着感谢的话，久久地不舍得放开岳飞的手。后来，他说：“岳将军，我们这口井一直没名字，您给它起个名吧？”岳飞看了看身旁那些欢乐的村民，不禁脱口说道：“就叫欢潭吧！”大家都说：“欢潭好，好名字！”

此后，乡亲们为了纪念岳飞，把村子也改名为“欢潭村”，这个名字一直沿用至今。

岳飞南征北战十余年间，他率领岳家军同金军进行了大小几百次战斗，所向披靡，先后收复郑州、洛阳等地。金军曾为之慨叹：“撼山易，撼岳家军难！”然而，正当胜利在望之时，宋高宗和秦桧却一意求和，相传用十二道金字牌从战场上召回岳飞。此后，岳飞遭受秦桧、张俊等人的诬陷，被捕入狱，因“莫须有”的谋反罪名，在绍兴十一年十二月二十九日（1142 年 1 月 27 日）被害于大理寺狱中的风波亭。

岳飞的一生，金戈铁马，屡建奇功，他严于律己、爱国爱民，感动了一代又一代的中华儿女。

欢潭村有幸，杭州有幸。

隐将村：名将出深山

淳安县北部的屏门乡里，有个村子叫“隐将村”，这个村名已有将近七百年的历史。相传，因明朝开国大将常遇春曾在此隐居而得名。

那几年，朱元璋就在临安大明山上屯兵，他一边与寺庙里的僧人同吃同住，一边暗地里招揽天下英杰。那时候，跟他一起的有谋士刘伯温，还有儿时的伙伴徐达。可他知道，要打下新的江山，这还远远不够，最好要有能以一当十，统军十万的大将。然而，大将的脸上也没有刻字，怎么才能找得到呢？谋士刘伯温也很明白他的心思，为此，夜夜观看星象，希望有所发现。这天，刘伯温忽然发现离大明山不远的淳安北部就有将星闪耀，于是赶紧把这秘密告诉朱元璋。朱元璋大喜，立刻派徐达去寻访。

徐达带了几个士兵，换上百姓的装束，跋山涉水，朝着淳安县北部的山区赶路。这一带山势险峻，处处是奇峰异石，很少看到有村民。士兵们有些泄气，有人说：“这荒无人烟的地方，哪里有将军的踪影？”徐达也感到纳闷，但他不动声色，爬上一块峭壁，四处张望察看。远远地，看见几缕炊烟从树丛中缓缓升起，再定神细看，那茂密的大树下，可不就是村庄了？他跳下峭壁，指了指炊烟的方向：“往那边走！”还没走出几步远，一个士兵就惊讶地喊起来：“这是什么？”众人探头去看他所指的地方，都吃惊地张大了嘴。有个士兵说：“这应该是一个脚印吧，可这脚印也太大了点，难道是野人的脚印？”徐达蹲下身仔细看了看，笑道：“哪有野人穿草鞋的？这草鞋的主人说不定就是我们要找的将星。”徐达说完，又盯着那大脚印看了半晌，忽然心生一计，便如此这般地吩咐了一番。士兵们边听边赞叹，都说妙极了。

走过一段田埂，树丛中的村庄就出现在徐达等人的眼前。村民们好奇地看着这几个不速之客，不知道他们要做什么。徐达上前作揖道：“在下姓徐，是大明山下的村民。生逢乱世，我们几个想学点武艺防身。听说这里住着一位大脚的勇士，武艺高强，我们特意来寻访。”村民们面面相觑，都摇头说村里没有什么大脚勇士。但有一位老者告诉他们：“后山有一户刚搬来的人家，只有母子二人，那儿子倒是生有一双大脚。”徐达赶紧请老者带路。

他们来到后山下，就看到一位妇女正在茅屋前打制草鞋，那鞋上的稻草编得厚实而细密。“好手艺啊！”徐达叹道，便上前请安，说明来意。那妇女一听惊慌失措，手中的草鞋也啪的一声掉落在地。徐达十分惊诧，赶紧捡起草鞋，向她恭敬地作揖：“大婶不要惊慌，我们不是坏人，我们也是穷苦人家出身。”那妇女迟疑地打量了他几眼，又看看带路的老者，不禁叹了一口气。

妇女低头说：“你们是来找我儿子常遇春的吧？只要不做伤天害理的事情，我们可以跟你们走。”徐达听得纳闷，就跟妇女攀谈起来。原来，这常遇春的家乡在怀远县（今属安徽），自幼丧父，家境不好，但他是个远近闻名的孝子，宁可自己不吃不穿，也不让母亲挨饿受冻。遇到灾荒年，吃不起饭了，常遇春便被迫加入土匪队伍，干些打家劫舍的事情。一旦抢到什么吃的穿的，他会立刻拿回家给母亲。他力气大，小时候还跟人习过武，在土匪队伍里比一般人要厉害得多，因此很受土匪头子的喜爱。然而，时间一长，常遇春发现那是一群乌合之众，他们唯利是图，对穷苦百姓也不放过。常遇春心地善良，对土匪的行为非常厌倦。一次在山岭上打劫，土匪小头目要抢劫过路的老汉，那老汉苦苦哀求，说自己所带的银子是为了给儿子请大夫的。土匪小头目却不管不顾，一掌过去，把老汉打倒在地。常遇春非常愤怒，一把夺过银子，抬腿就把土匪小头目踢飞，让他摔了个狗啃泥。常遇春把银子交还给老汉，让他赶紧往山下逃走，自己则拦在路上，不准土匪去追。谁知这犯了土匪的大忌，土匪们一拥而上，想把常遇春抬起来扔下山崖。常遇春大喝一声，把几个土匪打得落花流水，根本无法还手，有一个土匪还被打得挂在树枝上。土匪们奈何不得他，便纷纷跑回土匪窝搬救兵。常遇春赶紧回家，带着母亲连夜逃走。他们几经周折，来到淳安县北部这片大山附近。这里人烟稀少，料想没有人找得到他们了，母子俩就在偏僻的后山脚下安家落户。白天，常遇春去山里打猎，母亲在家打草鞋，母子相依为命，已经悄悄地住了有大半年了。

徐达一听，心中暗喜：这不正是我们要找的人吗？他对常母动之以情，晓之以理，讲了半天大道理，想请常遇春出山，到他们的队伍里来。常母没有说任何反对的话，只是默默地打制草鞋。徐达暗喜，觉得这事情能够办成。最后，徐达说：“我们想的和你儿子想的一样，只打贪官污吏，绝不欺压百姓，要为百姓做好事。”常母点点头，她见暮色四合，便告诉徐达：“我儿子快回来了，你们还是暂且去前村避一避，先等我试着说服他。

你们明日再来吧。”

这晚，母亲跟常遇春讲了半宿的话。常遇春也是个明理的人，自然相信母亲。他所担忧的是，母亲一人住在这荒村里，要是有个三长两短，自己怎么放心？常母说：“这个好办啊，你要是愿意跟他们走，明天就去前村搭个草棚，我搬过去住，和村里人有个照应，你就放心好了。”

第二天，徐达一早就来到常家的茅屋前，正遇上常遇春扛了两根木头往外走，徐达见他虎背熊腰，两根粗壮的木头稳稳地搁在双肩上，轻轻松松毫不费力。徐达心里先吃了一惊：这人力气这么大，真是天降福将啊！徐达上前问明缘由，才知常母已经说服常遇春，便连忙说道：“哪里用得着搬家，壮士请把母亲也带上。令堂如果愿意，可以帮我们打制草鞋。”

一行人就这样快速地离开了。

朱元璋见此行如此顺利，大喜过望，立刻给徐达和部下封赏。那两天，大明山上，也因常遇春母子的到来，增添了热闹的气氛。

常遇春胆大心细，在打仗的时候有勇有谋。元至正十五年（1355）六月，在采石矶（在今安徽马鞍山市南）战役中，常遇春乘着小船在激流中冒着箭雨前行，成功登岸后，凭借以一当十的勇气和力量，挥舞着刀剑杀入元军，极大地鼓舞了朱元璋队伍的士气。士兵们跟着迅速登岸，大败元军。常遇春因此也深得朱元璋的赏识，他一路晋升，很快从先锋升至元帅。在攻打衢州时，常遇春指挥士兵们把衢州城的六座城门包围起来，还造了长木梯、吕公车、仙人桥等攻城的器械，专门打那出其不意的仗。元军防不胜防，最后迅速瓦解。

常遇春在很多次战役中，以横行天下的勇敢和锐气带兵，赢得了士兵们的敬佩和称赞，他们称他为“常十万”，意思是：可以统兵十万。常遇春不仅英勇善战，还是一位体恤下属、视部下如手足的将军。他带兵驻扎九华山时，遇到旱灾，他到处察看地形，带兵凿石挖土，亲自寻找泉水，终于挖出了六处泉眼，解决了部队饮水难的问题，士兵们都非常感动。

打下大明江山后，常遇春被朱元璋封为鄂国公。消息传到淳安县，人们惊讶地发现，原来那个打胜仗的将军就是以前隐居在此的“大脚”年轻人啊！于是，他们把这个村子改名为“隐将村”，为常遇春隐居过此地而骄傲。

遗憾的是，明洪武二年（1369），这位著名的开国名将在河北率军队南归时暴病身亡，年仅四十岁。

祠堂巷：要留清白在人间

千锤万凿出深山，烈火焚烧若等闲。
粉骨碎身浑不怕，要留清白在人间。

这首《石灰吟》，即使是小学生也能流利地背出来，而其作者于谦，更是五百多年来一直被人们钦佩和称颂的爱国名臣。

于谦，1398 年出生于钱塘县太平里，即今天杭州市上城区祠堂巷。祠堂巷南起高银街，北至太平坊巷，巷内的于谦故居还保留有于谦的画像，供世人瞻仰。于谦一生清廉、高洁、刚正，在国家和民族面临危难的时候，他勇担重任，力挽狂澜，如同诗中所写，即使粉骨碎身也在所不惜。

于谦自幼就勤奋好学，熟读各种经史子集，还擅长吟诗作对。相传六岁那年的清明节，家人带于谦去上坟，叔父于彦明随口说了一句："今朝同上凤凰台。"于谦在一旁脆生生地答道："他年独占麒麟阁。"同行的人非常吃惊，没想到于谦如此机敏。叔父更是又惊又喜地夸道："小小年纪竟有如此志向，日后必成大器，必能光宗耀祖！"说完，又转身对于谦的父亲说："兄长一定要好好培养他啊！”那以后，人们发现，于谦文采卓然，经常语惊四座。渐渐地，人们都喜欢把于谦称作神童。

于谦曾经在山里的石灰窑前观看煅烧石灰，只见工匠们把青黑色的岩石放进窑里煅烧后，雪白的石灰就形成了。这一情景引起了于谦的思索和感慨，他回家后就写下了流传千古的《石灰吟》，并把“要留清白在人间”作为自己的人生追求。

于谦的父亲也非常重视对他品德的培养，希望他像古代先贤一样有气节。他的家中收藏有文天祥的画像，父亲也经常教育他：要像文天祥一样，做一个忠义的人，名垂青史。

于谦十五岁就通过了岁考，被录取为秀才，二十四岁考中进士后就离开家乡杭州，外出做官。于谦先后担任河南、山西两地的巡抚，都做出了惊人的业绩。每到一处，他总会轻装简从，骑马走访当地百姓，了解民众的生活。他还下令整治黄河，修缮堤坝。在山西时，他带着老百姓植树、凿井，解决了当地干旱缺水的问题，多年后，这些地方榆柳成荫，子孙后代都得到庇荫。因为爱民如子，他在任期间，一直受到百姓的拥戴。

明英宗朱祁镇亲政以后，因信任其启蒙老师太监王振，导致宦官专权。王振恃宠而骄，肆无忌惮地搜刮钱财，很多官员为了博取皇帝的信任，争着巴结王振，把大量的金银财宝明目张胆地献到王振府上。于谦却不屑与这些人同流合污，每次进京，总是两手空空。有人提醒他：“你为官清廉，没有财宝赠送，可以带一点当地的土特产啊。”于谦笑道：“我带了两袖清风。”为此，他还写了一首题目为《入京》的诗：

手帕蘑菇与线香，本资民用反为殃。
清风两袖朝天去，免得闾阎话短长。

对行贿之事敢怒不敢言的官员们读了这首诗，都暗暗叫好，许多文人雅士还争相传诵。而于谦却因为这首诗招来了王振的记恨。王振派人到处搜罗罪证，妄图陷害于谦，但于谦为官清正，他们根本找不到把柄。他们于是编织罪名，弹劾于谦因为长期未得晋升而心生不满，很快就把于谦投入大狱甚至判处死刑。此事引起了民众的愤怒，他们联名上书到朝廷，终于救出了于谦。此后，于谦被迫降职，但因上级官员念及他能力出众，不久之后又得到起用。明正统十三年（1448），于谦被召回京城，担任兵部左侍郎。这是他人生的一大转折点，这个职务使他在民族存亡的危急时刻，担当起拯救国家的重任。

明正统十四年（1449），蒙古瓦剌部的首领也先带兵大举入侵，王振力劝明英宗朱祁镇御驾亲征，英宗轻敌，草率出兵，被瓦剌军队围困在土木堡，明军大败。英宗被俘，成了瓦剌部的人质，这就是历史上有名的“土

于谦故居的忠肃堂

木堡之变”。国不可一日无君，明王朝立刻陷入危机和恐慌之中，京城的富户纷纷向南方逃亡，不少大臣也开始慌乱，他们主张把都城南迁，以避开蒙古人的攻打。于谦坚决反对，他厉声斥责那些怯懦的朝臣：“京师是天下的根本，只要南迁就会把民众置于水火之中，北宋南渡的结果你们不知道吗？提议南迁的人应该被斩首！”于谦以凛然的气魄震慑了一批不知所措的官员，在他的努力下，朱祁钰被立为帝，这就是明代宗。有了皇帝主持朝政，人心渐渐安定。明王朝把被俘的英宗尊奉为太上皇。于谦受命于危难之际，任兵部尚书，全权负责筹划京师防守和应战。当时明王朝最精锐的骑兵都跟着英宗御驾亲征了，京城剩余的不过是几万兵马。于谦立即调来京城附近的兵马、粮草，将因打败仗而被贬官下狱的大将石亨委以重任，整顿军队，鼓舞士气，准备迎战。蒙古首领也先挟持明英宗，带兵再次攻打北京，希望与明王朝和谈。于谦并不上当，提出了“社稷为重，君为轻”的口号，没有答应也先的条件。北京保卫战在于谦的果断指挥下取得成功。也先惨败，蒙古军认为明英宗朱祁镇已经没有什么用途，便把他放回北京城。

明景泰八年（1457），明代宗朱祁钰病重，明英宗恢复了帝位。因为在北京保卫战中，于谦只顾百姓和江山，对英宗却置之不理，英宗始终记恨在心。不久，石亨等人陷害于谦有不轨言论，有谋反之心，英宗听信谗言，把于谦投入大狱。这一年的正月二十三日，于谦被押往崇文门外斩首示众，就死在他曾经拼死保卫的北京城里。伴君如伴虎，一代忠烈就这样死于权力争夺和小人陷害！呜呼哀哉，天地失色，山河同悲！消息传到故乡，杭州百姓无不扼腕悲泣。

朝廷派兵抄家，于谦家中没有丝毫多余的钱财。只有正屋的门被严严实实地锁着，官兵打开来一看，却见

祠堂巷于谦故居

皇帝赐予的朝服和宝剑挂在简陋的房间里，在场兵士无不悲戚震颤。于谦就是这样两袖清风，清白一生。

于谦死后，明英宗也曾有过悔意。然而，英雄已死，不能复生。当边境再次出现困境的时候，朝臣们说：“如果于谦在，敌人断然不敢如此猖狂地进犯。”英宗无言以对。

明英宗的长子明宪宗朱见深即位后，深深地意识到于谦所遭遇的冤屈，他下令恢复于谦的官职，并发布谕祭文，文中大意为：当国家多难的时候，保卫社稷使其没有危险，独自坚持公道，被权臣奸臣共同嫉妒。先帝在时已经知道他的冤屈，而朕实在怜惜他的忠诚。

此文在全国各地引起很大的反响，于谦沉冤昭雪，百姓们为此感慨不已。

明孝宗时期，于谦被追封特进光禄大夫、太傅等官职。人们为了纪念于谦，就把杭州太平里的于谦故居改建为怜忠祠，还把太平里改名“祠堂巷”。在于谦的故乡杭州，以及他任职过的河南、山西等地，百姓们在过年过节的时候，都会自发组织起来，拜祭于谦。他那“粉骨碎身浑不怕，要留清白在人间”的名句，更是激励着一代又一代的仁人志士。

第二辑

名士高人：至今百里诵清风

百药山：百草成药，洞宾留名

百药山是杭州市萧山区和富阳区的界山，主峰海拔613 米，因山形像笔架又名笔架山。这里云雾缭绕，风景秀丽，苍翠的竹林里鸟鸣阵阵，奇花异草散发出馥郁的香气。走在山间小路上，时时可听闻溪水淙淙如玉佩相撞，声音悦耳动听。笔架山后来改名叫“百药山”，相传是因为吕洞宾的缘故。

吕洞宾被后世尊为道教全真派的祖师爷。他的祖辈做过隋唐时期的官吏，他也考中过功名，但他厌倦官场的尔虞我诈，不久就辞官回家，此后又四处游历。吕洞宾精通医术，又怀有悲天悯人之心，一旦看到行人愁容满面，他便会上前问个究竟，然后会尽最大努力给予帮助。他还到处采集草药制成药丸，遇到病人就会慷慨相赠，他也因此赢得了百姓的敬重和爱戴。

这一年，春末夏初的光景，吕洞宾背着药葫芦在杭州一带云游。他惊讶地发现，这一片土地上，河流清澈，房屋整齐，到处一派清明祥和的景象。最令他惊讶的是，这里的行人个个怡然自得，很难看到有谁愁容满面。

吕洞宾四处张望，也没有找到需要帮助的人。他很

百药山

高兴，便来到一处山坡上。此处，一棵粗壮的大树投下浓荫，附近岩石下面环绕着一条弯弯的溪流，溪水很明净，映照着蓝天白云。“真是个好地方！”吕洞宾暗暗赞叹。他掬起一捧清水饮下，那溪水甘甜可口，十分解渴。阳光很温暖，晒在身上很舒适，他打了个哈欠，索性倚靠着树干坐下，想打个盹儿。刚闭上眼睛，一阵窸窸窣窣的声音在身后的草丛里响起。吕洞宾料想是野兔或者野鸡，也懒得睁眼，继续闭目养神。没过一会儿，吕洞宾便听到“啊”的一声惊呼，他赶紧睁开眼，起身望去，只见一个背着柴火的小伙子在溪水边弯腰站着，他右手拿着柴刀，左手捂在右腿上，那里鲜血止不住地往下淌，一条大蕲蛇正从他身边哧溜地窜走了。吕洞宾瞬间明白了，刚才窸窸窣窣的声音哪里是野兔野鸡，分明就是这可憎的大蕲蛇！如果不是自己贪睡，本来可以阻止这条蛇咬人的！想到这里，他真是懊恼不已。他赶紧拿来药葫芦。可是，那个小伙子竟然不惊不惧，只见他丢下柴刀，在溪水边拔了一把状如蒜苗的草叶，把它搁在溪边的石头上，再拿起柴刀对着草叶一阵乱剁，很快就把那草叶剁成一团绿白相间的糊状物。然后，他松开左手，把这团糊状物涂抹在蕲蛇咬过的伤口处。接着，他又不慌不忙地撕下衣服的一角，把伤口包扎好，转过身似乎就要离开了。

吕洞宾很惊讶，要知道蕲蛇有剧毒啊，看来这小伙子太年轻，根本不知道问题的严重性。他赶紧喊道：“别走，你快把这颗药丸服下！”小伙子这才发现站在高处的吕洞宾，便摇摇头，笑道：“不碍事，不碍事，我们乡下人没那么金贵。”吕洞宾好奇地问：“你刚才涂伤口用的什么草？”“野大蒜啊！”小伙子指着旁边一丛碧绿的叶子，接着说，“我们这里有句俗话‘大蒜治百病，气煞吕洞宾’，说的就是这个野大蒜。它有毒，但能以毒攻毒。”吕洞宾一听人家当着面这么说他，十分尴尬。

吕洞宾像

他连忙走过去看，这个野大蒜和普通大蒜很相似，只是叶子更宽更绿，这是他往常不认得的。小伙子接着解释说："吕洞宾擅长治病救人，但是有了野大蒜，他的医术都派不上用场了。"正说着话，刚才那条蕲蛇又游出来了，它吐着芯子，直咄咄地逼过来。不过，吕洞宾眼疾手快，举起那个沉甸甸的药葫芦，对准蕲蛇的七寸，狠狠地砸过去。那条蕲蛇挣扎了一下，就趴在地上不能动弹了。小伙子惊呆了，瞪大眼睛打量着吕洞宾，还有他的药葫芦，忽然明白了什么，他诧异地说："先生莫不是，莫不是……吕……吕先生？"吕洞宾捻着胡须，微微一笑，也不回答。那小伙子红了脸，赶紧放下柴火，拱手作揖道："小民有眼不识泰山，不知道吕先生到此。吕先生擅长治病救人，小民早就听说了，刚才说话多有得罪啊！""不必多礼。"

吕洞宾把药丸递给小伙子服下，温和地说，“你快回家吧。”

小伙子看看吕洞宾，又看了一眼地上的蕲蛇，他小心地问道：“我可以把这条死蛇带走吗？”吕洞宾笑道：“当然可以。你把它带去做什么？”小伙子说：“蕲蛇可以消肿止痛，治疗半身不遂。我们村有个婆婆已经卧病在床半年多了，我把蛇带回去，刚好可以用得上。”吕洞宾一听这话，更加吃惊，这个砍柴的小伙子如此年轻，居然懂得这么多医术，难怪这里很少见到愁容满面的病态之人。吕洞宾又好奇地问：“你是从哪里学到这些医学知识的呢？”小伙子自豪地说：“我们祖祖辈辈在这里生活，老人家都会告诉年轻人，这山里的百草都是药，要想少生病，各种生活常识都得记牢。”

吕洞宾环顾眼前的青山，若有所思，不禁感叹道：“百草都是药，说得好啊！这里草木繁茂，简直就是个百药山啊！”

从此以后，人们就称这里为“百药山”。

九里松：美景林荫佑古今

南高峰，北高峰，一片湖光烟霭中。春来愁杀侬。
郎意浓，妾意浓。油壁车轻郎马骢，相逢九里松。

这是宋代词人康与之的《长相思·游西湖》，每当读到这首词，人们就会浮想联翩：烟霭笼罩的西湖，环境清幽的九里松，青年男女两情相悦的浪漫情怀……一切，都是那么美好。九里松在西湖以西，从洪春桥至天竺三寺之间，是一条幽静唯美的古松道。据雍正《西湖志》等记载，九里松形成于唐玄宗开元年间袁仁敬任杭州刺史时，历朝历代，这里吸引了无数文人墨客为之吟诗作赋。今天的九里松还是一条景观道的名称。杭州人习惯将这一片区域都称作“九里松”，更有以“九里松”为名的酒店、公交站、住宅小区等。

袁仁敬，字道周，陈郡阳夏（今河南太康）人，唐天授年间考中进士，曾任汤阴（今属河南安阳）县尉、福昌（今河南宜阳）县尉、尚书左丞等。袁仁敬因雷厉风行、办事果断、政绩显著而受到过朝廷多次嘉奖，也因清正廉洁、执法严明而深受百姓的爱戴。而且，袁仁敬与张九龄、孟浩然交好，这两位著名诗人都很敬仰他。

袁仁敬任杭州刺史时，在公务之外，常常去西湖西面的灵隐寺、天竺寺一带游玩。寺庙里梵音袅袅，使人神清气爽，心灵也为之沉静。然而一到盛夏时节，这里便十分炎热，过路的行人、拜佛的香客常常走得汗流浃背，却迟迟不能到达目的地。袁仁敬见此情景，很为此担忧，便一直琢磨着怎样才能改善这里的环境。

一番思考后，袁仁敬觉得应该在山岭上栽树，既能遮蔽阳光，也能巩固水土，改善气候。经过很多次比较，袁仁敬认为松树四季苍翠挺拔，树形十分美观，除了遮阴，还能形成一种高雅清幽的景观。而且，当时的松树苗价钱较低，非常适宜大量种植。他多次察看地形，决定把行春桥（今洪春桥）到灵隐和天竺三寺之间的路上都种上松树。袁仁敬派人买来大量松树苗，亲自带领官差们栽种这些松树苗。袁仁敬指挥大家在道路的左右两边各种三行松树，每行距离八九尺远。在他的有序安排下，有人负责挖坑，有人负责栽种，还有人负责培土、浇水。附近的百姓见此情形，都很好奇，纷纷跑来看热闹。等他们弄明白袁大人是为百姓酷暑时节行路方便而植树时，都很受感动，便自发地行动起来，有钱出钱，有力出力，很快，就找来更多的松树苗进行栽种。那以后，百姓们常常跟着袁仁敬一起种树，一棵一棵，一行一行，一里一里……这一干，就是好几个月，就这样，栽满松树苗的道路绵延九里之长。远远望去，那一长排稀疏的松树苗，就像一条绿色的带子绕着山岭，袁仁敬欣慰地笑了。

几年过去了，松树不断生长，慢慢形成浓绿的树荫，远远望去，就像一片绿色的云朵笼罩在山岭之上。盛夏时节，阳光透过松枝泻下来，就像细碎的金子洒落在地上，行人赶路再也不必担心暑热难耐了。

因为这条栽满松树的道路，长约九里，人们就把这里命名为“九里松”。因松树茂密，像绿云笼罩，这一景观也被称为“九里云松”。

袁仁敬还在行春桥修建了九里松亭，过路人可以在此休憩。暮春三月，草长莺飞之时，这里的游客络绎不绝，他们总会相约到此地沐浴春风，欣赏湖山美景。释智朋在偈颂中写道“十里西湖九里松”，甚是应景。

袁仁敬一生为民着想，他留下的九里松为民众带来了幽美的风光。他的清正廉洁和松树象征的高洁品质也非常契合。他一生被人景仰，在他去世后，有一位无名诗人悲痛地写下《袁仁敬歌》：“天不恤冤人兮，何夺我慈亲兮。有理无申兮，痛哉安诉陈兮。”赞美袁仁敬为政清廉，执法公正，是真正爱民如子的父母官。相传，袁仁敬去世的时候，大牢里的许多囚犯也掩面哭泣。

千百年来，人们游览九里松，赞美九里松，又何尝不是在纪念袁仁敬呢?

高士坊巷：大隐不妨居市井

题徐冲晦处士旧隐

〔宋〕蒲宗孟

冲晦先生不肯官，布衣谒帝布衣还。
尚嫌姓字腾人口，惟恐文章落世间。
大隐不妨居市井，高吟何处问家山。
平生寄意江湖上，云自无心水自闲。

过高士坊

〔宋〕曾巩

一亩萧然绝世喧，抗怀那肯就笼樊。
功名晚更为馀事，灾异初尝出至言。
郡阁已空徐孺榻，里人犹识郑公门。
斯文未丧如繇我，后代当知李仲元。

这两首诗所写的是同一个地方，即杭州高士坊巷，所赞美的人也是同一个人，即隐士徐复。高士坊巷位于杭州市上城区，东起中山南路，西至清平山东麓，处于繁华地段，却又带着幽静的气息。北宋时候，这里曾经叫清平山巷，后因徐复寓居在此，就改名为“高士坊巷”。

徐复，字复之，一字希颜，兴化军莆田（今福建莆田）人，一说建州人。他自幼时起就勤奋读书，未成年时，学识已经非常渊博。他曾参加过一次科举考试，没有考中功名。此后，徐复不仅没有再求取功名，而且还挣脱了科考的束缚。他到江浙一带游学，兴趣更加广泛，不只是阅读经史子集之类等书籍，还精读了很多关于天文、地理、五行和奇门遁甲类的书籍。他曾专注于研究《易经》，到了非常精通的程度。他寓居在杭州清平山巷时，以讲学、培养弟子为业，与本地的文人雅士多有交往。这些人都很佩服徐复，喜欢与他探讨各类问题。大家提出的疑问，徐复都能一一解答。徐复和别人谈论朝代更替、帝王功过，其他人常常对他的看法点头称是。有时候，他的寓所内高朋满座，大家都专注地听着徐复一个人妙语连珠。但他从不炫耀自己的学问，反而待人谦逊有礼。特别有意思的是，徐复和那些喜欢读书藏书的人不同，他的家中只有一两本正在阅读的书，因为他记忆力惊人，看过的书都记住了，还能背诵出来。他认为书一读完，就没什么用处了，索性看完就把书送给别人。有人不信，就拿着他即将送人的书来考他，无论从哪一句开始起个头，他都能顺着人家念的那句背下去，他背诵的内容和书上写的没有什么差异。那些考他背书的人，都对他佩服得五体投地，他们说，徐复有古时的高士之风范。

北宋景祐五年（1038），党项族的李元昊在兴庆府（今宁夏银川）称帝，并于第二年遣使者到北宋朝廷，要求宋仁宗承认他建国称帝的合法性。宋仁宗自然坚决不允许，派人在宋夏边境张贴榜文，悬赏重金捉拿李元昊。康定元年（1040），李元昊在宋边境发动战争，宋仁宗向天下发布诏书，寻求可以任用的文武人才。此时，朝廷的官员宋绶、林瑀都向宋仁宗推荐徐复。宋仁宗于是下旨，宣徐复进京面圣。官差们还把皇帝赏赐的钱财和衣物都带到徐复寓居的地方，地方官也给徐复备了好马，来催促他赶紧出发。此事在清平山巷一带引起过特别轰动的影响。

朝堂上，宋仁宗见徐复风采卓然，果然如那些推荐他的官员所说的一样“有高士之风”，顿时对他心生好感。宋仁宗向徐复询问国运，徐复从容地回答：“当前的国运，类似于泾原兵变时，唐德宗避难暂居奉天的情况。”“泾原兵变”是唐德宗在位时，泾原镇士兵发起的兵变事件。当时都城长安（今陕西西安）被攻陷，唐德宗仓皇出逃到奉天（今陕西乾县），史称“奉天之难”。徐复如此直言不讳，让朝堂上的官员都暗暗捏了一把汗。宋仁宗顿时变了脸色，非常吃惊地问道：“难道我朝也会走到这样的地步？”徐复依然很镇定地回答：“虽国运类似，但情况大不相同。唐德宗猜忌功臣，企图用兵力征服天下，反而使他失去了京城，只好逃到奉天。但陛下您爱民如子，体恤大臣，您的功德远远在他之上，故而可以逢凶化吉。况且，西羌入侵不得民心，不久就会战败，天下自然会恢复安定的局面。”宋仁宗听完这一席话，非常高兴，

高士坊巷

他认为徐复的分析十分有道理。宋仁宗要给徐复授予官职，问徐复是否愿意留在京城。然而，徐复已经习惯于闲云野鹤般的生活，他叩谢宋仁宗，推辞说自己身体不好，不能做官。宋仁宗也不勉强他，称赞他志向高洁，有古代仁人志士的风尚，自此，宋仁宗便称徐复为“高士”。宋仁宗挽留徐复在京城里待了一段时间，又授予他“冲晦处士”的称号，并赐给他大量财物。

后来，大宋和西夏局势的发展，果然如同徐复的预言一样，朝中大臣纷纷称奇，把徐复当作神人。

徐复离开汴京后，又回到杭州寓所。关于他推辞做官的消息就像长了翅膀，迅速传遍了杭州城，人们对他淡泊名利的做法十分仰慕，便直接称呼他为“高士”或者“处士”。那以后，每当有官员初来杭州任职，都会去拜望徐复，向徐复了解杭州的情况，或者向徐复询问治理杭州的好方法。徐复与他们交谈，言辞和礼仪都十分恳切，但他从不会主动去衙门拜见官员。

范仲淹也非常敬重徐复，在杭州任知州期间，常常去清平山巷拜望徐复。有一次，范仲淹忧心忡忡地询问徐复：“西夏又攻打大宋，黎民苍生何时才能安生啊！请处士预测一下，什么时候才会停战？”徐复沉思良久后，回答道：“范大人不必忧虑，西夏会发生内乱，故而不会对大宋产生太大危害。但江浙一带将会有大的瘟疫，这才是最大的忧患。”范仲淹赶紧问道：“高士能否提供预防的良策？”徐复说：“那是几十年以后的事情，你我都不在人世，谁也无法预防。”此后没几年，西夏果真发生内乱。到 1075 年时，江淮一带也发生了重大疫情，死亡的人很多，很久后才控制住疫情。人们想起徐复的话，不由得掩面叹息，哀民生之艰难，也感叹徐复料事如神。然而此时，徐复和范仲淹都已经去世多年。

徐复在世的时候，经常用《周易》《太玄经》等书来教授学生。有人劝徐复："先生学问渊博，应当著书立说以传后世啊！"徐复微笑道："古代圣贤所写的书籍都已经很齐备了，可供求学之人探究钻研一辈子，我何必再去写什么来博取名声呢？"晚年的时候，徐复还把自己所写的文章全部烧掉了。后世流传的那些他的文章，往往都来自于他的朋友或者学生的家里。人们说起他，都说此人实在是与常人有别，甚至与一般学者的风范也大相径庭。

后来，沈遘任杭州知州，对徐复给予很高的评价："徐复隐退在家中，努力钻研学问，从不夸耀自己来求取名声，从不改变自己的节操，是真正的高士啊！"他命人在徐复的故居修了牌坊，命名为"高士坊"，而清平山巷也因此而改名为"高士坊巷"。

严官巷：高手在民间

严官巷，位于杭州市上城区，这个地名已有近千年的历史。深究严官巷的来历，竟是演绎了一段深藏民间的医道高手的传奇。

有一年秋天的某个清晨，临安城的大街小巷已经被初升的太阳镀上一层金光。提着篮子买菜的，挑着担子赶往集市的，走亲访友以及外出游玩的……来来往往，络绎不绝。各家商号早已陆陆续续开门做生意，车水马龙，到处一片繁荣景象。

往常看到这一幕，太上皇赵构总会拈着胡须欣然微笑，甚至会因此暂时忘记南渡的慌乱以及偏安一隅的屈辱，还会为这繁华的街道、富庶的子民而由衷欢喜。但这几天，他一直十分烦闷焦躁，此时正要去凤凰山的皇家寺庙上香。

前几天，宫里新到一批湖蟹。御厨用民间流行吃法，把蒸熟的螃蟹加上花椒、冰糖和黄酒，再放入陈年酒糟中酿制，这螃蟹更有一番独特味道，民间俗称“糟螃蟹”。宋孝宗赵昚很喜欢，忍不住多吃了几只，之后就连续拉肚子。御医所开药方，均未见效。赵构昨日去看望，只

严官巷

见赵昚脸色苍白，腹痛不止，已经卧床不起。赵构训斥御医，让他们会诊，赶紧想出治病的良方来。他一边又命人在皇城的大街小巷张贴皇榜，说是治好皇上的病，加官晋爵，赏银千两。那招贤纳士的榜文贴出去后，看热闹的人多，揭榜的却没有一个。一夜之间，京城里的各家医馆仿佛全部噤声，他们几乎都有同样的念头：那御医都不能治，咱还能治得了？弄不好惹怒龙颜，掉脑袋可怎么办？

赵构忧心忡忡，这偌大的临安城，就没有一个能治好皇帝的贤士？还有这些御医，都是吃白饭的吗？小问题要拖成大毛病了！天气刚刚转凉，皇帝就为这吃螃蟹而卧床不起，自己亲自挑选的接班人，难道就这等没福？想到这里，赵构的心里就堵得慌，看天气晴好，索性出城走走。

赵昚并不是赵构的儿子。他原本叫赵伯琮，是宋太祖赵匡胤的第七世孙。

南宋建炎元年（1127），赵构在南京应天府即位，后来又率朝廷和兵众南下，进驻扬州。他不顾忠臣的进言，对收复中原也没有什么兴趣，只沉醉在扬州的繁华梦里。建炎三年（1129）二月里的某个深夜，赵构正宠幸着新入宫的妃子。突然殿外喧哗，紧接着，内侍不顾礼仪，大声疾呼着破门而入："金兵来矣！"赵构慌忙从龙床上跳起来，不顾花容失色的妃子，只管忙乱地披衣出屋。当时君臣不足十人，奔到扬子江畔，寻到一艘小舟，连夜逃到镇江。而次日的扬州城里，金兵烧杀掳掠，无恶不作。可怜扬州城的百姓，或被杀，或自尽，一时间，伏尸百万，流血千里。赵构张皇失措，如惊弓之鸟，一路颠沛流离，再从镇江辗转逃往杭州。传说因为这天夜里极度恐慌，赵构失去了生育能力。赵构后宫佳丽无数，只生了一个儿子——赵旉。然而，赵旉三岁时就因惊吓过度而死去了。那以后，赵构常常悲伤不已，担心赵家的江山后继无人。

绍兴八年（1138），南宋正式迁都杭州，赵构早已命人找来宋太祖一脉的后人——赵伯琮和赵伯玖，把他们养育在宫中。为延续赵家的江山，赵构是做了两手准备的，他一方面了解着这两个孩子的成长，看哪个更适宜委以重任，另一方面也期望自己某一天能重新恢复生育能力。

起初，他和韦太后一样，对个子略高、身体稍胖的赵伯玖更偏爱一些。有一次，赵构想考考两个孩子。只见两个孩子毕恭毕敬地垂手立在殿堂的台阶下，每次赵构问到什么问题，他们都能对答如流。不愧是皇室血脉啊！赵构正为此感到欣慰。忽然，一只黑猫蹿出来，从两个孩子身旁跑过，稍胖的赵伯玖见了，猛地一脚踢去，那黑猫吃痛，喵呜一声落荒而逃。个子偏矮、身体偏瘦的赵伯琮却专注地只听赵构讲话，显得平和而稳重。赵构认为，小小年纪的赵伯琮，知书达理，遇事也不慌乱，是合适的皇位继承人。因为此事，赵构开始不喜欢赵伯玖，但韦太后与赵构意见不一致。故而，两个孩子一直养在宫里，却都没有名分。

转眼间，赵伯琮长大了，也经历了各种大大小小的考核。他虚心好学，对赵构无比忠诚。到 1160 年，赵构终于下定决心，把他立为皇子。1162 年，刚把皇位传给他，哪里知道新皇帝这么不争气，因多贪吃了几只湖蟹而病倒，身体也太虚弱了！要是这消息传出去，岂不是被天下人耻笑？

想到这里，赵构更是眉头紧皱，脸色铁青。他打算去凤凰山烧一炷香，给皇帝赵昚祈福。经过万松岭的时候，他发现巷口有一处池塘，一个村民挽着裤腿，正在挖塘里的莲藕。他的妻子把那些满是淤泥的莲藕拿到溪水边清洗，然后一一搁进竹筐里，雪白的莲藕就像婴儿的胳膊一样胖乎乎的，煞是可爱。赵构正看得入神，却见一个孩童走出来，对那个挖莲藕的村民说：“爹爹，今天学了一首诗，让我背给您听听，爹爹要猜一猜，写的是什么？”那村民微笑道:“好孩子，背出来，爹爹猜一猜！”赵构也笑了，这父子俩的对话还真有点意思，亲切随和，没有宫里的繁文缛节，让人羡慕。出城以来，总算看到一件有点趣味的事情。赵构命人停下，慢慢地走下马车来，想听个究竟。

只听那孩子背道：“霜前不落第二，糟余也复无双。一腹金相玉质，两螯明月秋江。”赵构想，这不是诗人杨万里写的《糟蟹六言二首》中的一首吗？都传到小孩子那里了。一想起螃蟹，赵构有点不悦了。只听那村民乐呵呵地说："这不就是写的糟螃蟹吗？我儿是不是想吃螃蟹了？"他一边说着，一边从塘里出来，到溪边洗脚。他的妻子，那个村妇，已经把莲藕洗完，笑吟吟地看着父子俩。村民摸着孩子的小脑瓜，语重心长地说："螃蟹好吃，可不能贪多，一旦寒气郁结在肠胃里，很伤身体的。"小孩子好奇地仰起小脸问道："什么是寒气郁结？""这个啊，让爹爹慢慢给你说。"村民笑道。

赵构听得分明，这村民非同凡人。他赶紧唤那村民留步："请问前方高士，一旦寒气郁结，又该怎么办呢？"村民诧异地回转身，打量着眼前的陌生人，只见他气宇不凡，言辞恳切，听口音，是中原人士，看随从的衣着，料想应是一位官人。赵构接着说："我家儿郎前几日多吃了几只糟螃蟹，得了痢疾，请几位名医看过，都不曾见效。刚才听先生与令郎的对话，似乎有办法解决，特意来请教。"

村民这才明白赵构的意图，他详细地询问了赵昚的病情后，便十分有把握地告诉赵构：这病能治。原来，这个村民就是在附近巷子里开医馆的严大夫。严大夫从竹筐里挑选了一根肥硕的莲藕，告诉赵构，就用这个来治病。严大夫给妻儿交代了几句话，然后去医馆里背了药箱出来。

侍从们早已经备好了车马。严大夫也不细想，只琢磨着救人要紧。马车疾驰，直奔皇城而去。

到了宫门外，严大夫从马车里往外探看：两行整齐的仪仗队威严肃立，见他们一行马车快到了，便齐刷刷一起跪下叩头。严大夫不禁大吃一惊，刚才的贵人，难道……难道是太上皇？他的额头上立刻沁出一层细汗。他慌忙叫车夫停下，赶紧从马车里出来，就地在路边跪下叩首，一边颤声道：“小民无知，不知太上皇驾到……”赵构道：“不必多礼，治好皇上的病，不但恕你的罪，还给你封官赏银！”这时，一名内侍已经把城墙上的皇榜揭下，递给严大夫。

严大夫就这样被带到了宫里。此时的赵昚几近虚脱，宫里的女眷们个个眉头紧锁，有的还在念佛。严大夫便到近前，一番望闻问切后，知道这病症虽然看似很重，其实就和自己预料的一样，是寒气郁结所致。他从药箱里拿出一个杵臼，又截取一段莲藕，连着藕节，一起剖成小块，放入杵臼里，开始捣制起来。

赵构见严大夫并不开方子，却只是在捣莲藕，心下狐疑，但见严大夫似乎胸有成竹，便耐心地等候。严大夫仿佛看出他的疑问，毕恭毕敬地解释道：“太上皇不必担忧，皇上是吃蟹导致脾胃阴虚，引起冷痢。藕节性平，味甘涩，入心、肺、脾三经，能够祛湿止痢，善解蟹毒，待捣成汁后，加入温酒服下，很快就可以康复。”赵构听他说得在理，就不再追问了。

果然，赵昚连续几天服下温酒调制的藕汁后，病情好转，脸色渐渐恢复。赵构知道赵昚并非如自己先前担忧的那样体弱，完全堪当重任，连日来脸上挂着的愁云也散去了，只觉得喜从天降，正要对严大夫进行封赏，忽见严大夫捣药的杵臼还在桌上，那杵臼大概是用得太久了，显得朴素而古旧。赵构端详着那杵臼，微笑着改了主意。他命人拿来宫里用的金杵臼，把它赏给严大夫。根据皇榜上的承诺，严大夫得到赏银千两，被封为“严防御使”。和别的“防御使”不同，人们称他为“金杵臼严防御使”。

严大夫向来坚信治病救人是医生的天职，但他做梦也没想到，能有机会治好皇上，还有意外的荣华富贵降落到自己头上。而宫里的御医们，得知消息后都十分惭愧，他们过分地谨小慎微，把历代治疗痢疾的良方都看过用过，却万万没想到，一段莲藕胜过所有灵丹妙药。真是“高手在民间”啊！

赵构想让严大夫留在宫里，严大夫却觉得宫里已经有很多医术高明的御医，自己不过是幸运地知道这个偏方而已。赵构问他还有什么要求，严大夫便鼓起勇气，请求回到万松岭，他希望继续为百姓治病。他说，那也是天子脚下，离皇宫不远，圣上可以随时召唤他。赵构就由他去了。

南宋的防御使，只有官衔，并无实权，所以也不影响严大夫继续在小巷子里开医馆。从此以后，他既是救人的大夫，也是朝廷册封的带了品衔的武官。他的名气越来越大，找他治病的人也越来越多。

远道而来的求医者，往往这样问路：“金杵臼严防御使家怎么走？”渐渐地，大家嫌称呼太长，太拗口，就问：“严官人的家怎么走？”后来，人们索性叫那条小巷子为“严官巷”。原本简陋的小巷子，就这样，因为严大夫这位民间的医道高手而得名，美好的故事还流传至今。

崔家巷：清风盛德永留香

崔家巷在杭州市上城区，东至中山中路，西至惠兴路。南宋时期，因贤相崔与之住过这里，所以被称作“崔家巷”。

崔与之（1158—1239），字正子，号菊坡，出生于广州增城（今广东广州增城区）。他的父亲很早就去世了，原本贫寒的家庭更是雪上加霜。崔与之的母亲很有远见，节衣缩食，苦苦支撑着整个家庭，还全力支持崔与之求学。崔与之没有辜负母亲，他勤学好问，年少时就胸怀大志。当时北方土地被金人占领，他发奋苦读，希望能考中科举以救国救民。然而，前几次参加科举考试，崔与之都以名落孙山告终，但他并没有气馁。经过认真的分析，崔与之认为，自己居于偏远的地方，没有志同道合的朋友一起学习，也缺乏学问渊博的老师指正，加上学习方法欠佳，才导致自己屡次失败。他想外出求学，但家境困难，无法实现。一直到三十二岁这年，崔与之在朋友的接济下，终于可以去京城临安的太学求学。为了节省车马费用，崔与之不顾路途漫漫，独自从广东走到浙江。太学的师生都被他求学的诚心所打动。那时候，临安城比家乡增城繁华得多，到处呈现歌舞升平的气象，但崔与之在太学里埋头苦读，两耳不闻窗外事，三年没有迈进临安的街市。终于，他考中一甲进士，成为当时岭南地区第一个由太学考中进士的人。

此后，崔与之先后到广西、江西、琼州（今海南）等各种偏僻荒远的地方任职，在任期间，他减免赋税、惩治恶霸、公正判案，深受百姓爱戴。同时，他也因为政绩斐然而不断受到朝廷的提拔。

有一年，崔与之被朝廷召为金部员外郎。上任后，无论大事小事，他都要亲自处理。对于一些在其位却不谋其政的官吏，崔与之一一处罚。对那些欺压民众的酷吏，崔与之给予严厉的鞭笞。一时间，严明的纪律震慑了朝廷。而他本人，清廉自律，生活简朴，在京城的住处如同普通百姓的宅院，连庭园台榭都没有。当时，有不少官员在家里养有很多歌姬，崔与之十分反感这种行为。他从不参与官员之间的应酬酒宴，在公务之余，除了读书，便是写诗。他中年丧妻后，再也没有续弦。他的俸禄除了家里的基本生活开支以外，全部用来接济贫困的亲友。

南宋嘉定七年（1214），崔与之被破格提拔为直宝谟阁，代理扬州的军政，全权负责抗击金军的事务。到了扬州，他立刻整修城防，带领民众把护城河修了一遍，同时还储备了充分的军粮。每天，他亲自督促士兵操练，使军威大振。当时，扬州有民间组织的“万弩社”，类似于地方上的民兵队伍，崔与之深入了解这支队伍，发现他们射箭习武，很有纪律性，便把他们组织起来，和官兵一起操练，一起抵御金兵。崔与之还招募当地的青壮年创立“万马社”，组织他们在农忙的时候参与耕作，农闲的时候就练习骑马打仗。这样一来，扬州的抗金队伍壮大了一倍。金军入侵，扬州的军民万众一心，给金军以致命打击，金军便不敢再来进犯。崔与之还是一个爱民如子的官员。有一年，浙东地区发生严重的自然灾害，一万多难民涌到扬州城外，崔与之下令打开城门，安抚难民，给他们提供食物，难民们无不感激涕零。

此后，金兵入侵四川，崔与之又被调至成都组织抗金。他利用蜀道险峻的有利地形，布置防控，让金军无法入侵，连续打了几次胜仗后，金兵几乎达到闻风丧胆的地步，不敢再来侵犯。

南宋端平二年（1235），崔与之出任广东经略安抚使。此时，他已经年逾古稀，因身体不好，不久就辞官在家养病。当时，广东有一支部队，叫“摧锋军”，起初驻守建康（今江苏南京），几年后又转战江西，抗击金军功劳显赫，却没有得到应有的嘉奖。他们的驻守期满了，地方官府却不允许他们回到广东，这支队伍的统帅曾忠非常愤怒，就发起兵变造反。他们从江西出发，一路攻陷广东惠阳（今广东惠州）等地，直达广州。他们连续取胜，气焰变得嚣张，广州知府曾治风吓得连夜逃遁。得知这一情况后，崔与之赶紧前往城门处，他登上城楼，质问叛乱的原因。叛军见他须发花白，脸色苍老，但神色泰然，处乱不惊，仿若仙人站在城楼上，士兵们心里不免感到惶惑。崔与之给叛军讲违抗朝廷的后果，对他们动之以情，晓之以理，在场的士卒深受感染，纷纷放下武器，跪下求饶。叛军首领见势不妙，匆匆上马逃跑。崔与之立刻派人捉拿首犯，并按照军法把他处死。然后，崔与之又把投降的兵士分别编入不同的队伍里，迅速地平息了叛乱。

宋理宗对崔与之立下的功劳十分满意，拜授他为参知政事。崔与之推辞说自己年老体衰，不能接受。第二年拜右丞相，宋理宗担心他又不接受，就派官差去广州催促他上任。就这样，朝廷一边拜官，他一边推辞，总共有十三次之多。这期间，朝廷还把相位空了四年，留给崔与之，等待他赴任。崔与之终究没有去。宋理宗见他心意已决，终于下诏允许他安度晚年。

南宋嘉熙三年（1239），八十二岁的崔与之溘然长逝，消息传到临安，许多百姓失声痛哭，文武百官无不戚然，宋理宗更是感叹痛失良相，当即追赠他为太师。

崔与之的一生，就像韩琦的诗句“不羞老圃秋容淡，且看黄花晚节香”所写一样，保持清白的操守直到生命的最后一刻。崔与之一生到过很多地方做官，无论在哪里，他都能清廉自持，并且政绩斐然。他是大宋的贤相，也是宋史上的一座丰碑。“崔家巷”这个地名，一直流传至今，也体现了人民对崔与之的爱戴之情。文天祥曾经这样赞誉崔与之：“盛德清风，跨映一代。”其实何止一代，这一跨就是千年，也许将是永远。

塘栖古镇：义士栖居话塘栖

位于杭州市北部的塘栖古镇，历史悠久，人杰地灵，有京杭大运河穿镇而过，自古以来，这里就是杭州的“水上门户”。每逢春暖花开的时节，镇东南的山上还有“十里梅花香雪海”的胜景。无数游客不远千里，也要一睹塘栖古镇的芳容。他们来到此处，总会好奇地问一句：这里为什么叫塘栖呢？

这个地名的来历，关乎一位可歌可泣的义士。

据《卓氏家乘》所说：“唐栖者，唐隐士所栖也。”唐隐士，即唐珏，字玉潜，号菊山，南宋词人、义士，会稽山阴（今浙江绍兴）人。

唐珏出生于宋理宗淳祐七年（1247），幼年丧父，与母亲相依为命。他自幼勤奋读书，成年后就成为一个学识渊博、受人尊敬的人。他以讲学来谋生，培养了很多优秀的人才。

唐珏生活的年代正是宋元交替之时，战争频繁，民不聊生。宋理宗早年在治国上颇有建树，然而晚年昏庸荒淫，朝政腐败，大权落在了丁大全、贾似道等奸臣手中。宋理宗病逝后，安葬于会稽永穆陵。宋理宗的侄子二十五岁的赵禥即位，朝中军事大权仍然由奸臣贾似道把持。十年后，赵禥死于酒色过度，葬于绍兴永绍陵。此时，宋六陵已成。宋六陵，位于绍兴的攒宫山，其余四陵分别是：宋高宗的永思陵、宋孝宗的永阜陵、宋光宗的永崇陵、宋宁宗的永茂陵。宋六陵依山傍水，是江南最大的皇陵区，每座皇陵都分为上下宫，奢华而气派。

南宋德祐二年（1276），元军攻破临安，俘虏了当时的宋恭宗。元世祖忽必烈任用唐兀僧人杨琏真加掌管江南佛教事务，此举成了江南噩梦的开端。杨琏真加丧尽天良，是罕见的心狠手辣之徒。

塘栖广济桥

不久，杨琏真加打着灭掉“南宋之根”的幌子掠夺寺庙的财富，还焚烧无数寺庙。元朝推官申屠致远努力制止，杨琏真加终于不再残害寺庙和僧人，但他又把贪婪的目光投向了宋六陵。

一天清晨，杨琏真加打着为僧寺筹措钱款的名号，带着一群乌合之众蜂拥到宋六陵外。在此守陵的太监罗铣拼命阻拦他们，但哪里能够奈何他们，这群疯狂的盗墓者不由分说，把罗铣暴打一顿，还把他赶出陵园。然后，他们迫不及待地挖掘、搬移，直至冲进安葬宋理宗的永穆陵中。

宋理宗的尸体一直浸在水银之中，保存得很完好。杨琏真加见其头颅较大，便对部下狞笑道：“此头颅可以做酒器，替我割下它，倒挂于陵外的树上，先把水银沥去！”丧心病狂的恶行一旦有了开端，杨琏真加的部下就更加穷凶极恶，很快猖獗到不可收拾的地步。此后几天，他们把六座皇陵里的各种奇珍异宝抢夺干净，又把陵墓里的尸体斩断手脚，纷纷抛出来，扔到荒野，攒宫山上到处一片狼藉，惨不忍睹。

会稽的百姓敢怒不敢言，他们慑于杨琏真加以及部下的残酷暴行，别说阻止，甚至不敢在白天靠近去看一眼。他们只能夜夜朝着攒宫山跪拜，老老小小泪流不止。相传，此后十日，民众哭声夜夜不息。

此时的唐珏，正在距离攒宫山不远的地方给弟子授课，听说了杨琏真加这令人发指的恶行，只感到痛心疾首，悲愤不已。他遣散弟子，赶回家里拿出刀来，想冲到攒宫山与杨琏真加拼命。他的母亲苦苦阻拦，终于把他拦在屋里。等冷静下来，唐珏也自知此举无异于以卵击石，他流着泪苦苦思索着。

过了几日，唐珏变卖家产，安顿好母亲。经过一番准备后，他买来好酒好菜，把里巷中有胆识的年轻人一一请来，与他们痛饮美酒。听说唐珏已经把房子卖了，众人非常不解，其中一人诧异地问唐珏："唐先生学识渊博，深得街坊邻居的信任，为何突然卖了房产，有什么打算吗？又因何故要请我等饮酒？"唐珏还未回答，已经泪流满面，他仰头饮完一杯酒，凄然问道："六陵被盗，先帝被抛尸荒郊野外，各位可有什么办法？"众人恻然无语。唐珏站起，向众人叩拜，年轻人纷纷扶起他，问他为何行此大礼。

唐珏说："我有一事相求，希望诸君和我一起趁夜黑之时，把先帝的遗骸装殓，移到别处，入土为安。"他拿出已经准备好的黄绢口袋给众人看，那上面已经事先写好陵墓名字和帝王庙号。众人立刻毫不犹豫地答应了。这时，有一个年轻人提出疑问："妖僧虎视眈眈，到处有他的耳目，事情若是败露，我等怎么办？"唐珏冷静地说："我已经买了数件存放贵重物品的匣子，放在秘密的地方。大家兵分三路，一部分人今晚子时跟我去攒宫山，把遗骸装入黄绢口袋，再送往藏匣子的地方，争取连夜掩埋，另一部分人则从附近猎人和屠户那里搜集兽骨，待我们走后，把兽骨抛到皇陵周围……现在山野间到处是凌乱的骨骸，他们正忙着分赃，未必会派人去查看辨别。此外，还要委托一人去找来守陵的罗铣，唯有他才能帮我们做好此事。"众人被唐珏的周密计划打动，纷纷流泪说，唐先生此举高义，堪称义士，他们愿意听从唐义士的指令，并发誓绝不外传。那个提出疑问的年轻人主动要求去找罗铣。

当晚，唐珏和罗铣带着一群年轻人秘密地潜入攒宫山。山清水秀的攒宫山到处阴风惨惨，地上遍布尸骸，夜里偶尔有鸟雀哀啼，又似鬼哭狼嚎，更显得凄凉。唐珏和罗铣带领年轻人细细辨认，终于在天亮之前，把所有的尸骸分别装入对应的黄绢口袋里，并移到搁放木匣子的地方。而负责抛撒兽骨的年轻人也按照计划制造了假象。

十多天后，杨琏真加忽然想起攒宫山上漫山遍野的尸骨来，便命令部下把诸帝王的骸骨搜集起来。他的部下依照吩咐，去捡拾骸骨。此时山里一片恶臭，这些人发现遍地的骸骨十分可疑，很像兽骨，但他们不敢禀报，怕杨琏真加迁怒于他们，便只是草草收拾，等待杨琏真加发落。杨琏真加并不查看，却命人在临安城里某处空地上挖出大坑，又命人把骸骨抛入坑里，盖上泥土。然后，他命人在大坑上修筑了一座高十三丈的白塔，给它起名叫“尊胜塔”，塔形如瓶壶，故民间又称作“白塔”“一瓶塔”。

江南百姓怕看见白塔，怕想起先帝尸骸的惨状，他们纷纷诅咒杨琏真加。然而，他们不知道，此时唐珏早已经把六帝的骸骨安葬在天章寺前。为了后世能够拜谒，他在墓地上种植冬青树，作为标记。悲戚之余，唐珏作了《冬青行二首》：

> 马棰问髐形，南面欲起语。野麋尚纯束，何物敢盗取？余花拾飘荡，白日哀后土。六合忽怪事，蜕龙卧茅宇。老天鉴区区，千载护风雨。

> 冬青花，不可折，南风吹凉积香雪。遥遥翠盖万年枝，上有凤巢下龙穴。君不见犬之年，羊之月，霹雳一声天地裂！

唐珏深知，不能在会稽待下去了。他带着母亲离开家乡，沿着京杭大运河一路北上。天下之大，哪里还有一处安宁之地？

沿途漂泊，唐珏和母亲来到杭州西北的渔村三义村。此处风景秀丽，民风淳朴，深深地吸引着唐珏。他考虑到此地水上陆上的交通都很便利，倘使官兵追来，他也能迅速逃离。于是，唐珏隐姓埋名，从此栖居在运河边上的渔村里。

唐珏没想到，自己的义举一度震惊吴越。人们一边保护他，告诉官兵说唐珏早已经不在人世，一边又苦苦寻找他的踪影，希望找到他，把他藏起来。其实，会稽城当地的官员们对唐珏安葬先帝骸骨的事情早有耳闻，他们同样对杨琏真加的恶行深恶痛绝，也在暗中保护唐珏。

后来，唐珏隐居于小渔村的消息终于在民间悄悄流传开来，很多人怀着崇敬的心情来到渔村，只为一睹义士真容。而这小小渔村，作为“唐义士栖居之地”，声名鹊起，因此得名“唐栖”。人们为了掩护唐珏，又称之为“塘栖”。据说这个名字就这样流传下来。

关于塘栖古镇得名的由来，其实还有很多种说法。

清代王同编撰的《唐栖志》认为，唐栖之名，以唐栖寺为最早，宋代在下塘之西有唐栖寺，遂以寺名为镇名。可见塘栖古镇在成为镇之前，已经有一座唐栖寺巍然屹立于此了，借寺名成镇名，“唐栖”慢慢变成了“塘栖”。唐栖寺渐渐湮没在历史的风尘里，而塘栖古镇的名气却日增。

明代胡玄敬在《栖溪风土记》中说：“自国初开浚运河，大筑塘岸，故其河名塘河，下手之桥名跨塘桥，而对岸设巡检司名下塘巡检司。彼时居民初集，负塘而居，因名塘栖。”这个说法也很有道理。

而笔者更愿相信“唐义士栖居之地”的说法，“义”字，根植于每一位中华儿女的血脉深处，从唐珏的传说里，从塘栖古镇中，跨越时间与空间，光芒璀璨，历久弥新。

麒麟街：神兽出没，考官换题

位于杭州市拱墅区的麒麟街，南起孩儿巷，北面与凤起路相连。这条街原本叫“新营街”，后来改成“麒麟街”，改名的原因，说起来还真让人不可思议。相传，有一年，这里的贡院里举行乡试的时候，人们看到过一只奔跑的麒麟，从那以后，这条街就叫“麒麟街”了。

麒麟是何物也？《礼记》中说：“麟、凤、龟、龙，谓之四灵。”由此可见，麒麟在中国传统文化中地位很高，它是吉祥之物，代表着幸福、富贵。汉武帝曾命人建造了一座麒麟阁，到汉宣帝时，就把功臣的画像挂在阁上，以此来表示卓越功勋或最高荣誉，人们也把德才兼备的人比作麒麟。武则天曾命人把麒麟作纹饰绣在衣服上，叫作“麒麟袍”，专门赏赐给三品以上的武将穿用。麒麟的形状，集狮头、鹿角、虎眼、麋身、龙鳞、牛尾于一体。它是神话故事中的灵兽，古人认为，麒麟出没处，必有祥瑞。

元朝时，百姓分为四等：蒙古人、色目人、汉人、南人。其中，南人是指长江以南的汉人和西南地区各少数民族，大体指原来南宋统治下的各族人民。南人的地位最低，但是面对的科举考试最难。元朝的考试分两榜，蒙古人、色目人榜只考两场，汉人、南人榜则考三场，而且南人的录取量最少。

元至正十年（1350），又逢江浙行省乡试。古时候考试，不像现在几十名考生坐在一间教室，而是一人一间小屋，考生坐在一块横木板上，面前再放一块横木板当作写字的桌子。到了晚上，考生把写字的木板取下来，和坐的那块木板拼凑在一起，就成了一张简易的床，用来休息。

这天的考试已经进行到夜里，考生们挑灯夜战，考官和负责监考的差役则在周围监督和巡视。尽管蚊虫横行，还不时有飞蛾扑向蜡烛发出的声响，不少考生们也顾不上了，只管聚精会神地答题。天气炎热，汗水湿透衣背，他们也浑然不觉。

夜深了，蜡烛快要燃到尽头了，光线更加昏暗。经过一天的考试，很多考生都感到头昏眼花，但是考试还没结束，都得强打精神。忽然，一阵凉风袭过，一只猛兽闯进贡院来，考生们只感到眼前有一物疾驰而过，抬头看，却并未看得分明。那些考官和差役们瞬间就被这只奇怪的猛兽惊得目瞪口呆，待他们想看个究竟的时候，猛兽已经不知去向。众人愣了半晌，忽然有人大喊："快捉住那个宝贝，那是只麒麟！"整个贡院里立刻乱成了一锅粥，有人嚷道："后院没有关门，别让它跑了！"也有人纳闷地说："我还以为是头鹿，又有点像马，原来这就是麒麟啊！"差役们跟着麒麟经过的地方追过去，考场变得混乱起来，人声鼎沸，到处是脚步声。一些考生已经躁动不安，有几个考生甚至大胆地伸长脖子要往外面看，自然是没看到麒麟，却在左顾右盼的时候，刚好看得到隔壁考棚里别人的试卷，他们于是立刻来了精神，故意嚷着说要抓住麒麟，一边却对试卷上的问题大声地议论起来。有的考生慌忙中还抢过别人的卷子，拿来胡乱地抄写。另外一些认真考试的考生却神情沮丧，这不是在作弊吗？哪里还有公平可言？

差役们追了一阵，再没看到麒麟的影子，倒是夜风吹动树影，让他们多次误以为那是麒麟。眼看着场面难以控制，主考官只好站在贡院中央的平地上大喝了一声。混乱的局面终于得以控制，考生们赶紧正襟危坐，差役们立刻原地待命。主考官大声宣布："若有玩忽职守的人，立刻革职！若有相互议论考题的考生，立刻取消乡试资格！"这威严的命令使得贡院里转瞬之间鸦雀无声。主考官环顾四周，知道刚才有人已经趁乱作弊。他想，这消息一旦传出去，自己的职务恐怕是保不住了，这场考试的结果恐怕也难以服众。可是也不能宣布考试作废啊，要怎么做才算既合理又公平呢？这只神兽出没，真是给自己出了一道大难题啊！想到神兽，他也很诧异，这贡院怎么会有麒麟来，又怎么会眨眼间就不见了呢？忽然，他灵机一动，不如以这神兽为题，加试一道题。主考官沉吟半晌，接着宣布道："刚才的神兽让各位受惊了，有人借此机会偷看他人试卷，有人甚至与他人讨论本堂考试内容，所以，本考官决定改一改考试内容，请各位以用端为题，立刻另写一篇文章。"此语一出，所有考生吃惊不小，然而，都不能不暗自钦佩主考官，此题前所未有，闻所未闻，这下没人能作弊了。这场考试重新成为公平的考试。

这"用端"为何物？相传，用端和麒麟一样，都是中国神话传说中的一种神兽，外形与麒麟相似。据说它能够日行一万八千里，专为英明的帝王传书护驾。考官用"用端"来命题，实在是难题，但也以此检验考生们的应变能力。或许惊鸿一瞥，或许从未见过麒麟，但并不影响以此为题写文章。这场考试，让很多考生的人生道路出现一个重大的转折点，有人金榜题名，有人名落孙山。大家都说，这场考试更改考题是明智之举，真正为国家选拔了人才。而那位聪敏的主考官，也因改了题目而得到了朝廷的嘉奖。

那晚在场的所有差役和考生，许久以后，还会兴奋地谈到那只神兽，尽管他们很多人当晚根本没有看清楚，但并不影响他们对此事津津乐道，有人说：“那或许真是一只麒麟啊，实在太神奇了！”

自那以后，贡院所在的“新营街”就改名为“麒麟街”了。

铁冶路：诗宗别号成路名

杭州市上城区清波街与省军区司令部后门之间有一条路叫铁冶路，倘若有人以为这里因炼铁而得名，那就真的犯了“望文生义”的错误。这里曾经叫“铁崖路”，“铁崖”是元末明初的诗人、书画家杨维祯的别号，这个别号来自于杨维祯的家乡浙江省诸暨市的铁崖山。因杭州方言里，“崖”和“冶”读音很相近，时间长了，就成了“铁冶路”。这里有一段故事——

杨维祯小时候聪颖过人，但也淘气顽劣，根本不把读书放在心上。他的哥哥杨维翰每天待在家里读书作画，勤勉而认真，杨维祯却总是在外面疯玩得忘记回家。杨维祯的曾祖父杨文修是南宋名医，到其父亲杨宏这一代，杨家也是当地小有名气的书香门第，全家人都对杨维祯兄弟寄予厚望，希望他们能够考取功名，光宗耀祖。

一天，杨维祯跟一个放牛娃玩捉迷藏，两个孩子玩得忘乎所以，把放牛的事情忘得一干二净，把人家的牛弄丢了。放牛娃的父亲找到杨宏告状，杨维祯竟然又跟别的孩子跑到另一个地方玩去了，根本还没回家。杨宏十分生气，一边派人去寻牛，一边叫人去找杨维祯。幸好，牛和人都找回来了，完好无损。杨宏却怒不可遏，立刻把杨维祯关进屋里，不许他出来。可是，这个淘气包该怎么处置呢？杨宏望着村后的铁崖山陷入了沉思。

铁崖山在村子西南，高数十丈，陡峭的悬崖如同刀削过一般，因为岩石的颜色如铁，所以当地人都叫它铁崖山。铁崖山的山顶很平缓，浑圆如同满月，是当地一道奇丽的风景。想到那个平缓的山顶，杨宏眼前一亮：如果在山顶修一间房子，那一定很清静，很适宜读书吧。要是把杨维祯关到那里去，没有人跟他玩，他会不会就此专心读书了呢？

杨宏说干就干，先找工匠绕道去山上察看地形，再运来石料和木材。很快，匠人们就在山上修起阁楼来。村里人听说这件事，都来看稀奇，大家议论纷纷，觉得杨宏为了孩子读书，付出的代价也太大了吧。杨宏听了，沉默不语，杨维祯也沉默不语。自从闯祸差点丢了人家的牛，杨维祯也开始懂事了。阁楼修好后，他自觉地从梯子爬上悬崖，到阁楼里读书，父亲为他准备了非常丰富的藏书，他终于体会到读书的快乐。从那以后，他逐渐沉醉书中，并且乐此不疲。每天杨维祯爬上阁楼后，杨宏便拿走梯子。此外，阁楼上还吊了一个篮子，到吃饭的时候，杨宏便叫杨维祯把篮子放下来，装上饭菜，再把篮子拉上去。这原本带着强迫读书的意思，但杨维祯已经由“被迫”转为“自觉”，甚至到了废寝忘食的地步。他常常在暮色四合的时候才舍得从梯子上下来。有一次，家人喊他吃饭，许久没听到他答应，等家人爬上梯子一看，才发现他沉浸在书中的世界，浑然不觉有人叫他。

杨宏为了儿子成才，不只是花重金修楼、买书，还请人在山上栽种了上百株绿萼梅。一到冬末早春，层楼出梅花，散发出淡雅的芳香，最宜“落花满身花底眠”。

杨维祯读书之余，也会漫步在梅花林里，看到这些傲然挺立在风中的梅花，他的情趣变得更加高雅，志向也更加坚定。杨维祯后来成为一个铁骨铮铮的奇才，与铁崖山的苦读经历密不可分。

在铁崖山上，杨维祯达到了“两耳不闻窗外事，一心只读圣贤书”的境界。他就这样足不出户，闭门苦读了整整五年。此后，他外出考取功名，再到外地出任官员，也一生与书为伴。因此，他贯通经史百家，最终成为一代大儒。为了纪念这段难忘的读书时光，杨维祯便以“铁崖”作为别号。铁崖山成就了他的学业与日后的功名，而他以“铁崖”为号，也使这座原本名不见经传的山成了名山。

杨维祯在诗、书、画三方面都有很高的成就，不仅如此，他还是元代有名的戏曲家。杨维祯与陆居仁、钱惟善被人们合称为“元末三高士”。他推崇古乐府，其诗纵横奇诡，史称“铁崖体”，被历代文人推崇，有人甚至称他为“一代诗宗”。杨维祯书风劲峭雄强，画风清逸高迈，就像铁崖山一样。这一切也是因为铁崖山滋润了他，给了他灵感。

而最令人敬仰的是，杨维祯一生就如他的别号“铁崖”一样，铁骨铮铮，正义凛然。元泰定四年（1327），杨维祯考中进士，不久后担任天台（今属浙江台州）县尹。在任期间，他铁面无私，依法惩治当地作恶多端的县吏。这个县吏有深厚的背景，杨维祯因此而遭到报复，还差点被罢官。后来，他被改任到钱清（今属浙江绍兴）做盐场司令。这是一个肥差，别的官员求之不得，羡慕不已，而杨维祯却从未想过要来此牟取钱财。到任后，他发现前几任官员重利盘剥百姓，把盐税制定得太高了，老百姓怨声载道，却敢怒不敢言。杨维祯就向上级请求减轻盐税，没有得到批准，但他并不气馁，继续上书请求，上级官员仍不予理睬。杨维祯义愤填膺地说：“当官不能为民做主，这当官的意义何在？”便决意投印去官，那个上级官员这才终于答应减额三千。当地百姓得知后，十分感激杨维祯，然而杨维祯却因忤逆上级，被判定十年内不准升迁。

后来，元末朝廷腐败，农民起义不断。杨维祯调任儒学提举，因兵乱阻塞交通而未成行，他便来到杭州，远离官场，游览西湖美景，写下很多颂扬西湖的诗篇。他把唐代巴蜀地区的民歌“竹枝词”的格律推陈出新，创作了很多《西湖竹枝歌》的名篇，雅俗共赏，深受杭州百姓的喜爱，老百姓纷纷传唱。而当地的文人墨客也纷纷效仿，一时之间，杭州的街巷里弄到处都有人吟诵《西湖竹枝歌》：

苏小门前花满株，苏公堤上女当垆。
南官北使须到此，江南西湖天下无。

劝郎莫上南高峰，劝侬莫上北高峰。
南高峰云北高雨，云雨相催愁杀侬。

石新妇下水连空，飞来峰前山万重。
不辞妾作望夫石，望郎或似飞来峰。

杨维祯的诗名扬天下，吸引了占据苏州的起义军领袖张士诚。有一天，元帝以杨维祯为使者，赐上等酒给张士诚，张士诚便设宴款待使者，想将杨维祯纳入麾下，杨维祯当席戏答道：“江南处处烽烟起，海上年年御酒来。如此烽烟如此酒，老夫怀抱几时开？”令张士诚“得诗甚惭”。他后来避乱杭州，还修书一封，指出张士诚的四个优点、四个缺点，并预言张士诚“不有内变，必有外祸”。果然，几年后，朱元璋崛起，张士诚在兵败后自缢身亡。杨维祯的直言不讳与远见卓识，令当时的普通百姓非常佩服。

在杭州吴山之麓定居时，杨维祯在宅院前后种下几百株梅花，模仿故园铁崖山的情景，自称“铁崖道人”。后人为了纪念他，把他居住过的地方称作“铁崖岭”“铁崖路”。人们不只钦佩杨维祯的文学艺术成就，最重要的是，为他刚正不阿的品质而叹服，这种不向权贵低头的凛然正气值得永世传承。

信义巷：崇信尚义留美名

信义巷在杭州市拱墅区，莫干山路以东，拱墅区体育馆以北。

相传，信义巷最初叫“护堂巷”，因为清官陆冰而改名。清朝乾隆年间（1736—1795），陆冰在这里长大，辞官后，又回乡居住在此。他一生坚守诚信和道义，深受百姓的爱戴。人们为了纪念他，便把这里改为“信义巷”。

陆冰从小就心怀大志，他因勤奋好学而深受先生的喜爱。陆冰读书之余，常常告诉家人：“将来我若能取得功名，一定崇信尚义，解决民生疾苦。”家人和周围的乡邻都对他寄予了厚望。

清朝乾隆年间，陆冰参加科举考试，一举考中进士。消息传到家乡，父老乡亲们十分激动，都去他家贺喜。陆冰的父亲摆下宴席款待乡邻，并告诉众人：陆家子弟做官一定会廉洁奉公，决不会丢乡邻们的脸面。乡亲们知道陆冰的父亲对儿子教育很严格，对陆冰父亲的话都称赞不已。不久以后，陆冰被朝廷任命为江西新昌县令。他回家与父母跪拜告别，父亲再次叮嘱：“做官如同做人，德行最重要。要为百姓做事，得民心的官才是好官。”

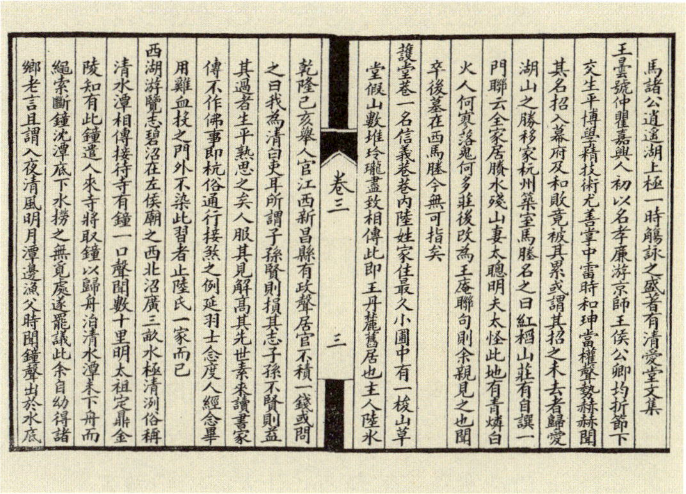
馬諸公逍遥湖上極一時觴詠之盛著有清愛堂文集
王曇號仲瞿嘉興人初以名孝廉游京師王侯公卿均折節下
交生平博學精技術尤善掌中雷時和珅當權聲勢赫赫聞
其名招入幕府及和敗竟被其累或謂其招之未去者歸愛
湖山之勝移家杭州築室馬塍名之曰紅榴山莊有自譔一
門聯云全家居賸水殘山妻太聰明夫太怪此地有青燐白
火人何寥落鬼何多莊後改為王庵聯句則余親見之也聞
卒後墓在西馬塍今無可指矣
護堂巷一名信義巷巷內陸姓家住最久小圃中有一棱山草
堂假山數堆玲瓏盡致相傳此即王丹麓舊居也主人陸冰
卷三 三
乾隆己亥舉人官江西新昌縣有跂聲居官不積一錢或問
之曰我為清白吏耳所謂子孫賢則損其志子孫不賢則益
其過者生平熟思之矣人服其見解高其先世素來讀書家
傳不作佛事即杭俗通行接煞之例延羽士念度人經念畢
用雞血技之門外不染此習者止陸氏一家而已
西湖游覽志碧沼在左侯廟之西北沼廣三畝水極清冽俗稱
清水潭相傳接待寺有鐘一口聲聞數十里明太祖定鼎金
陵知有此鐘遣人來寺將取鐘以歸舟泊清水潭未下舟而
繩索斷鐘沈潭底下水攞之無覓處遂罷議此余自幼得諸
鄉老言且謂入夜清風明月潭邊漁父時聞鐘聲出於水底

〔清〕高鹏年《湖墅小志》载信义巷与陆冰之事

陆冰认真聆听父亲的教诲，并托付家中兄弟照顾双亲。一切安排妥当了，陆冰上任的时间也近了。

出发这天，官府派了轿子来送行，四名衣着整齐的轿夫在陆家院子外恭敬地垂手而立。陆冰十分惊讶："此处离码头很近，哪里用得着轿子，你们回去吧。"轿夫们面面相觑，其中一人为难地说："大人派小的来送陆老爷，老爷不上轿，我们不敢回去交差的。"陆冰笑道："这有何难？你们就说已经送我到码头了。"说着，他从怀里掏出赏钱给几名轿夫，轿夫们欢欢喜喜地告辞了。一路上，他们很兴奋，还悄悄地议论说："第一次遇到不坐轿子的老爷。老爷心肠好，肯定是清官。"

陆冰一路赶往江西，到达新昌县境内时，他被眼前的情景惊呆了：稻田开裂，禾苗已经枯干，连驿道上的大树都失去了生机，它们垂头丧气，仿佛奄奄一息的病人。一路上，陆冰还不时遇到蓬头垢面的逃荒者，他十分痛心，不时地赠予钱币，还未上任，已经把随身带的银子花得差不多了。"连续几个月没有下雨，百姓怎么生活啊！"

陆冰想到这里，心急如焚，他眉头紧锁，只能快马加鞭，往县城赶去。

县城的百姓们面对旱情无计可施，他们饿着肚子去观音殿求神拜佛，还把龙王的塑像抬出来，沿街行走，说是要让龙王看到灾情后发发慈悲，说不定就能下一场雨，救活庄稼。陆冰见此情景，只感到心如刀绞，他斩钉截铁地对众人说："我是新来的县令陆冰。请诸位放心，五日之内，我一定解决大家的吃饭问题。"街上的百姓不由得下跪道："青天大老爷啊！"陆冰扶起为首的一位白发苍苍的老者，让大家纷纷散去。

沿街走过，陆冰发现，全城的粮店竟然无一例外地关了门歇业，还几乎都挂了一个"售罄"的牌子，简直像商量好了一般。他知道这里头一定有隐情。

陆冰到了县衙，来不及休息，立刻写奏章给朝廷，上报新昌县遭遇旱灾的消息，恳求朝廷免去当年的赋税徭役并发放救灾的粮食。刚搁下笔，陆冰又想，此地离京城还远，即使皇上立刻批复，赈灾粮食也要好多天才能到达。远水救不了近火，还需要想更好的办法解决眼下的灾情。于是他又下令，城里的粮店立刻开张营业，只允许平价销售，要让百姓能买到粮食，渡过难关。

第二天，陆冰带了一班差役去查看旱情。田野里，常有一两个农夫有气无力地走着，到处找水源。还有人正挑水去地里灌溉，一桶水倒下去，咕咚一声很快就没了踪影。陆冰赶紧派差役帮着大家找水源。他再次来到街上，那些已经开始营业的粮店，一派门可罗雀的情景。这又是怎么回事呢？陆冰派人打听，才了解到实情。原来，在他上任前，这些粮店哄抬粮价，老百姓为了生存，已经买过一段时间的高价粮食，如今囊中空空，就算粮食以平价出售，大多数老百姓也买不起了。

此前马不停蹄地赶路，上任后又连续几天的奔波劳累，陆冰心急如焚，已经憔悴不堪，但他无暇顾及自己的身体，一门心思只想着为老百姓解决旱情带来的困难。老天爷下雨的事情，谁也没办法，眼下百姓的生存，才是根本问题啊！想到自己对百姓的承诺，陆冰愁得茶饭不思。已经第四天了，再不解决问题，难道自己要成无信无义之人？

正当陆冰心急如焚的时候，无意中，他瞥见自己当月的俸银，那是上任以来收到的第一笔银子。陆冰看着这锭银子，开始盘算，可以买多少石米，可以煮多少粥，可以救到多少百姓。忽然，他眉头一皱，计上心来。一个人的力量毕竟太薄弱，要让大家一起来想办法解决问题。

第二天，他命令差役们在龙王庙门口的坝子上支起一口大锅，让他们采摘野菜放进锅里煮。然后，他又派人去请城里各家粮店的老板，说陆县令要宴请大家。

米店老板们自然不敢耽搁，得到邀请之后，都陆陆续续往龙王庙赶来。远远地，他们就看到新来的陆县令端坐在龙王庙门口，旁边摆着一张大桌子，桌子附近的大锅里热气腾腾，袅袅的雾气散开，竟然是野菜的气味。粮店老板们不知道陆老爷葫芦里卖的什么药，一个个战战兢兢地走过去，垂手立着，也不敢言语，更不敢入座。饥民们更是感到好奇，他们不敢靠近，便在远处张望。

陆冰也不说话，只命令看座、上茶，待老板们来齐了，他便起身去上香，祭拜天地，祭拜龙王爷。老板们更加不知所措，他们暗自纳闷：说是宴请，莫说酒肉，连饭菜也没有啊。难道是囤粮食卖高价的事情被新来的县太爷知道了，要治罪？想到这里，老板们已经脸色发白，大气也不敢出了。其中一个胆小的老板，望着茶水不敢喝，还忍不住抖抖索索地擦汗，险些就要扑通一声跪下求饶了。

陆冰在庙里祭拜完毕后，不动声色地回到桌子旁边，他朝老板们拱手道："诸位受累了，今天请各位来，本是要请大家吃饭，不过，巧媳妇难做无米之炊，故而只熬了一锅野菜……"说到这里，他故意停下来，只威严地扫视着在场的老板们，龙王庙前一片肃静。老板们已经坐不住了，他们纷纷离座，就地朝着陆冰跪下，不停磕头，诺诺连声："草民知罪了，草民知罪了……"陆冰并不理会，只接着说："现在，新昌县百姓受灾了，各位老板一定和我一样忧心忡忡，寝食难安，我们商量一下计策吧。"其中一个老板赶紧说："我等草民全听陆老爷发落。"陆冰掏出一锭银子来，放在桌子上，郑重地说道："本官决定，捐出当月俸银，从明日起，为新昌县百姓开设粥厂施粥。至于诸位老板的所作所为，本官也有耳闻，但想旱灾严重，就看各位如何将功补过了。要想本官不追究以前的事情，就请诸位仁慈为怀，多多认捐，救济本县民众。"

粮店老板们一听这话，心里的石头终于落了地，不由得面露喜色了，原来，不会坐牢，只不过是认捐的事。此时，差役们早已经备好纸笔，粮店老板们赶紧起身，争先恐后地捐钱捐粮，这家捐十石粮食，那家必然会捐十五石，他们只担心落于人后，给陆大人留下不好印象，落下被治罪的口实。很快，差役们的簿子上就写满了全城粮店老板们认捐的粮食数目。

这消息传出去，原本对灾情和饥民无动于衷的财主和富户们也坐不住了，他们赶紧赶往县衙，纷纷捐银捐粮。此时，陆冰早已经安排差役们在县衙外支起几口大锅。

米粥的香气弥漫着整个县城，老百姓排起长长的队伍，有的还激动地拭着眼泪……

终于，新昌县顺利地渡过了难关。百姓们感恩戴德，纷纷赞美陆县令的仁德信义。等旱情结束后，陆冰又组织百姓兴修水利，开垦荒地。没过几年，新昌县已经成为远近闻名的富庶之地。

陆冰离任时，就和刚来的时候一样，骑着普通的马，家眷坐着简易马车，一家人都穿着粗布衣服。百姓们自发地前来送行，与陆冰一家挥泪告别。山回路转，陆冰一行人已经看不见了，百姓们却久久不舍得离开。

从此，陆冰勤政为民的事迹和诚信守义的名声被更广泛地传颂，故乡杭州的父老乡亲更是为他感到自豪无比。

陆冰年老的时候，回到护堂巷居住，他教化乡邻，广行善举。人们被他的信义之德感动，便把护堂巷改名为“信义巷”。

六克巷：香茗雅客两相宜

六克巷在杭州市拱墅区吴牙社区公园附近，南至庆春路，北至长庆街。六克巷这个地名，来自于一个茶肆与茶客相互成就美名的故事。

清朝的时候，吴牙社区这一带有很多私家花园，这些花园的主人多为成功的富商，也有解甲归田的将军，他们品位高，也有闲情逸致。他们花重金修了富丽堂皇的住宅，还在院里打造亭台楼阁、假山池沼，让美景层次分明；又在雕梁画栋下种植奇花异草，使得花香四溢。他们把私家花园装扮得如同人间仙境一般。这些私家花园中，有一处关氏花园尤其突出，引得邻居们异常羡慕。

然而，关氏子弟花钱如流水，家族很快就败落了。关家把私家花园卖给一个叫沈梁的茶商，然后搬家到别处去了。沈梁早就看中了这个花园，他把花园辟为茶肆，希望能借这美好的环境大赚一笔。然而，因为费用高，来这里喝茶买茶的人寥寥无几。没过多久，沈梁已经无法支撑，他便把茶肆低价转让给一个叫陈大鹏的商人。

陈大鹏眼界开阔，头脑灵活，很有经商的智慧，加上他知识渊博，又喜欢舞文弄墨，故而认识不少文人雅士。

陈大鹏认为应该好好利用自己的资源，又把茶肆重新改造，重新起名为“松声阁”，还命人在墙上增添了很多文人字画。一切置办好之后，他准备了上好的龙井茶，再邀请社会名流和文人墨客到这里饮茶、欣赏文人字画。不出半月，杭州城里的各界名流都知道这个“松声阁”了。他们以到这里饮茶为荣，无论商谈生意还是朋友聚会，都要带到此处来。陈大鹏为了吸引更多的人，还组织了“文人学社”（现在称作“文学沙龙”），以茶会友，把身边的朋友聚集到这里，谈天说地，吟诗作画。来此聚集的人，既能喝到上等好茶，又能听到妙趣横生的言论，最重要的是，来这里认识到很多志同道合的朋友。他们喝茶的时间长了，越发喜欢这里。这里的人气也更旺，生意也更兴隆。

经过一段时间的观察，陈大鹏发现了六位擅长闲谈的高人，只要这六人中有任意两三人在场，客人们的谈兴就会更浓，松声阁的气氛就会更活跃。如果六位都在场，那更是妙语连珠，茶客们叫好声不断，甚至会吸引更多过路人前来饮茶。所幸，这六位客人都暂居在这条巷子附近，到松声阁也非常方便。陈大鹏便分别拜访这六位客人，邀请他们随时到松声阁饮茶。自此，他不仅不收他们茶钱，还额外赠送钱财与礼物。六位客人对此举也欣然接受。从此以后，远近的茶客都被六位客人的妙语吸引，松声阁常常是高朋满座，生意格外兴隆。渐渐地，人们就把这个地方叫作“六客巷”，原来的巷名反而没人提及了。

这六位客人分别是谁？原来都大有来头。客人一：朱昌寿，号西泉，曾经中过举人，对《周易》颇有研究。他曾经为三元楼茶肆写过一副对联，上联是“不淡不浓，味堪适口”，下联是“有红有绿，客也从心”。引得路过此处的杭州文人，都纷纷赞叹妙绝。因为这副对联，他被很多文人墨客熟知。客人二：曹金籀，号柳桥，人们戏称他为“曹大将军”，但他其实是一名儒生，还擅长写诗。因为不喜欢八股文，曹金籀一直没有考中功名。他喜欢和名士交往，与龚自珍特别交好。他曾在杭州城里的景点庙宇都留下过墨宝，还著有《古文原始》一书。故而，在杭州城的文人圈子里也小有名气。客人三：温汝超，此人是国子监的生员，绰号“温元帅”，他长得瘦，脸稍长，有点无厘头，经常讲冷笑话，语出惊人，经常引得满场捧腹大笑，而他自己却常常是若无其事的样子。客人四：何政霖，字梅阁，中过举人，任候补江苏县丞，人送雅号“何许人”。他常感叹命运不济，候补也遥遥无期。他当过幕僚，有几分怀才不遇的伤感。但因腹有诗书气，说话做事自有优雅的气度，深得茶客们的喜爱。客人五：胡凤锦，字啸嵋，中过举人，做过官，绰号“胡公大帝”。这人才华横溢，下笔如有神，一天写万字的文章也游刃有余。说起话来，也是妙语连珠，滔滔不绝。客人六：孙熙泰，字儒伯，也中过举人，还做过知县，雅号叫“孙行者”。他熟读经书，善于交际，后来厌恶官场的黑暗，就辞官回家、教书育人，发誓再也不进官场了。

这六人到了松声阁，如同“八仙过海，各显神通”一般，他们讲诗词，讲楹联，谈论时政，谈论名人，各人都有自己独特的见解。他们学识渊博，令听众受益匪浅。或许就像《红楼梦》里所言，“无才可去补苍天，枉入红尘若许年”，这六人都有些怀才不遇之感，正好松声阁给他们提供了谈天说地的场所，不仅让他们畅所欲言，还让他们惺惺相惜，互为知音。后来，松声阁越来越有名，这六位客人也越来越受欢迎。“六客”的雅士风范也伴随着茶客们的口口相传而名满杭州城。许多客人不远千里慕名而来，陈大鹏的茶肆红极一时。

这条街巷，就因这一间茶肆和六位客人而闻名遐迩。渐渐地，人们把这个巷子称作“六客巷”，后来，因为谐音的缘故，演变成为“六克巷”。

惠兴路："非兴学无以自强"

一百多年前的清王朝末期，许多人眼光狭隘、思想闭塞，一位奇女子却在杭州提出了"非兴学无以自强"的口号。她募集资金，创办贞文女校，后来甚至为创办学校而献出了生命，她的胆识和勇气都令后世景仰。这位女子名叫惠兴，她站在时代的前列，把唤醒民众，尤其是开启女子智慧作为自己的责任。杭州人民为了纪念她，把她创办的学校命名为惠兴女校，还把学校门前的街道改名为惠兴路。

惠兴路位于杭州市上城区，南到解放路，北到仁和路。惠兴办学之前，这一带是梅清书院的旧址。

惠兴出身官宦人家，属于满族瓜尔佳氏，从小受到良好的教育，后来跟随家人迁居杭州。她的人生道路很不幸，新婚不久，丈夫因病去世，此后就孀居在娘家。惠兴知书达理，别的女子喜欢做针线，她却喜欢读书，更可贵的是，她已经意识到教育的重要性。清光绪二十九年（1903），慈禧太后下旨，允许地方兴办女子学堂。惠兴得知这一消息后，非常激动，她不顾家人反对，坚持要去报考。然而，学堂主事者思想闭塞，不愿意接纳惠兴为学员。惠兴十分失望地回到家中，但她并不因此而放弃读书。她由此事推己及人，想到还有很多女子和她一样会遭遇拒绝，和她一样渴望获得知识却不能实现求学的愿望。她苦苦地思索着。一段时间后，惠兴萌发了自办学堂的念头。她告诉家人：希望能通过创办女子学堂来拯救无数蒙昧的女子，改变她们的命运。

这自然也遭到父母的反对，但惠兴异常坚定，她把自己积攒多年的银两全部拿出来，又去找亲戚朋友募捐。一些贵族女眷对惠兴的创举钦佩不已，纷纷拿出私房钱来交给惠兴，希望她办好女子学堂。但也有不少亲戚家境很好，一听说惠兴要借钱办学堂就变了脸色，觉得这件事情简直不可理喻。他们说，女子就该在家相夫教子，惠兴的丈夫去世了，就更应该恪守妇道，待在家里孝敬老人，哪能去抛头露面呢？还有一些人，因为情面上过不去，便承诺说，愿意等办好学堂后再出资金。为了募捐，惠兴八方奔走，却处处碰壁，吃尽了苦头，有人埋怨她“出风头”，还有人说她想骗钱，连往日那些熟识的朋友也躲着她。惠兴没有气馁，她暗下决心：一定要把女子学堂办起来！

第二年初，惠兴终于募得三百多银元。她去找浙江巡抚和当地的镇守将军，希望能获得建校的土地，也希望官府能帮她筹集资金。然而，这些官员态度不冷不热，他们答应把梅清书院所在的那片土地全部交给惠兴创办学堂，却不给她资金上的支持。没有资金，很难办起学校，惠兴决定合理利用原有的建筑，在原来的基础上进行修缮和维护，使得书院焕发出新貌。在她的劳苦奔波中，这年十月，学堂终于落成，而她也欠下很多债款。惠兴相信，先前那些承诺捐款的人看到这所崭新的学堂，一定会为之高兴，并且会信守诺言捐出善款。她把这所学堂起名为“贞文女子学堂”。

一边是即将举行盛大的开学典礼，一边却是工匠们上门要钱。家人们看到惠兴创办学堂如此受苦，认为她实在是自讨苦吃，还不如关了学堂回家。惠兴因募捐之事饱尝了人间冷暖，她坚定地答应工匠们，会尽快把债务还清。

在开学典礼上，惠兴朗声提出“非兴学无以自强”的口号，令在场的民众和师生十分震撼。惠兴还说，女子要摆脱受压迫的地位，必须读书认字，提高文化水平，求得谋生本领。这掷地有声的言论赢来了阵阵掌声，也令在场的许多女学生热泪盈眶。面对此情此景，惠兴想起办学堂的种种艰辛，不由得百感交集。忽然，她嗖地拔出随身携带的匕首，迅速地在左手上一划，从手臂上割下一块肉来，顿时，鲜血冒出来，顺着手臂流下。此时，掌声还未完全消散，但空气瞬间凝滞一般，人们惊骇得不知所措。惠兴却镇定自若地说：“若学堂能顺利发展，臂肉也能长出来；若此学堂关闭，我必以身殉之！”

惠兴中学

学校开始上课，惠兴则一边开展工作，一边还要继续募捐。她的事迹虽然让一些人感动，但更多人思想狭隘，认为她离经叛道的行为不足取。他们议论惠兴“多事”“喜欢折腾”，甚至还说，女学生聚集到一起，跟着男教师读书认字，完全就是“伤风败俗之举”。那些曾经答应给钱的豪门女眷被这些言论影响，任惠兴百般相求，她们也翻脸不认账，甚至当面说风凉话侮辱惠兴。而此时，工匠们更加急迫地追着要债，学堂无法支付薪酬令教师们无法安心上课，世俗的眼光使原本要送女孩子入学的家长开始犹豫甚至反悔……一系列问题不断侵扰惠兴，惠兴感到举步维艰，却无人能给予援助。

学堂在惠兴的拼命坚守下，勉强维持了一学年。到1905年秋天，因资金缺乏等问题太严重，惠兴与贞文女子学堂都陷入了走投无路的境地。眼看着自己一手创办的学校就要关门停办，所有的心血完全要付诸东流，惠兴无力地扶着校门，不禁潸然泪下。这一草一木，一砖一瓦，都有她的心血，她怎么甘心就这样放弃呢？然而，孤军奋战的她又怎么能改变那么多执迷不悟甚至醉生梦死的人？想起开学典礼上的誓言，惠兴久久无法平静。她舍不得放弃学堂，决心以死相拼，用生命来唤醒人们的觉悟。

1905年11月，惠兴给朝廷一位重要的官员写信，陈述兴办教育对开启民众智慧以及使国家强盛的意义。她在信的最后写道：“愿以一死动当道，兴女学，图自强。”写完信，惠兴已经泪流满面，她悲戚地推开窗户，朝着贞文女子学堂的方向依依不舍地眺望。她多么留恋这个尘世，然而，她更希望振兴女子学校。后来，她绝望地抓起桌上的鸦片，囫囵吞下。然后，她提起笔，用尽最后的力气，在信的末尾补充道：“但愿遗书能呈给朝廷。”

惠兴之死震惊了杭州城，也震惊了浙江省，在旗人中间也激起千层巨浪，那些答应捐款而没有捐款的人深感愧对良心。他们扼腕叹息，为惠兴感慨、落泪。他们开始自发地为学堂的事情奔走呼吁。许多权贵要员也幡然悔悟，恨自己没有早点了解此事的经过。人们想起惠兴所说的“非兴学无以自强”，终于理解了她的一番苦心。在舆论的压力下，镇守将军与浙江巡抚联名上书京城，慈禧太后闻言也为之感叹，命令给惠兴建立牌坊，还责令厚葬惠兴。

从那以后，浙江地方官府把贞文女子学堂收为官立学堂，改名为惠兴女子学堂，也就是今天的惠兴中学。这所学堂一百年来培养了无数优秀的学子，惠兴终于可以含笑九泉。

元宝街："和气生财"留古街

元宝街在杭州市上城区中河路以东，牛羊司巷以西，是杭州城罕见的、有着一百多年历史的青石板路。很多人以为元宝街得名是因为形似：巷内两侧有高墙如元宝的双翼，中间石板路光滑像元宝心。也有人认为元朝时期的省府富藏库在此地，"元宝"因富藏库而得名。

其实，它的名字的来由，与红顶商人胡雪岩有关。

胡雪岩本名胡光墉，字雪岩，是安徽徽州人。幼年时候家境贫寒，十二岁那年，父亲病逝，家中更是陷入捉襟见肘的困境。为了寻找出路，胡雪岩孤身闯荡到杭州。他先后到过很多家杂货铺或者商行当学徒。每到一家，他总是任劳任怨地做最苦最累的杂活，即使大冷天，也常常忙得满头大汗。他在这些店里学到很多技术，还有做人的道理，就这样一直干到十九岁。

后来，他被杭州阜康钱庄的于老板收为学徒，他的人生也出现了转机。于老板非常欣赏聪明而踏实的胡雪岩，认为这个勤恳质朴的小伙子日后一定大有作为。他把胡雪岩当作亲生儿子一样对待，毫无保留地教他各种经商的技巧。胡雪岩也虚心学习，不敢有丝毫大意。后来，于老板年老体弱，卧病在床，无法打理店里的事务，就把钱庄全部交给胡雪岩管理。胡雪岩没有辜负于老板，他把钱庄打理得井井有条，账目一清二楚，没有丝毫疏漏。每天早晚，胡雪岩还要为于老板煎药、喂药、擦洗身体，像亲生儿子一样无微不至地照顾于老板。虽然很辛苦，但他从不抱怨一句，把一切视为分内之事。于老板被深深地打动了，临终前，把阜康钱庄全部托付给胡雪岩。

这个价值 5000 两银子的钱庄，成为胡雪岩在商海中的第一桶金。他扩大经营，先在周边的城市设立阜康钱庄的分号，后来辐射到全国各地。人们很信任阜康钱庄，愿意把钱存到这里来，一旦有了资金上的困难，也会第一个想到阜康钱庄。甚至，清政府许多官员也来向胡雪岩借债。短短几年里，胡雪岩的名号越来越响亮，人们把他称作“活财神”。

发了大财的胡雪岩已经不满足于旧宅的狭小，他决定修建一处奢华气派的“胡公馆”。他命人找来一位风水先生，希望寻到一块风水宝地建一处新宅，要让自己住得舒适，又能给子孙后代造福，让子子孙孙都能在其中安居乐业。风水先生拿了丰厚的赏钱，开始在杭州城里寻找宝地。几天后，他告诉胡雪岩，望仙桥以东这块土地是最上乘的宝地，住在这里，平安吉利，财源滚滚，还可以庇荫后世子孙。

胡雪岩一听大喜，立刻叫人买下它，并且按照风水先生的要求来筹备：地基要呈正方形，因为“宝地一方”；大门必须要朝正南方向，因为“朝南享福”；门前必须是大块的青石板铺路，比喻“青云之路，生财有道”。

然而，刚打算动工，负责设计测量的人就来找胡雪岩叫苦。原来，地基根本无法做到正方形，这块“宝地”

胡雪岩故居

的西北角住着一户人家，这家人的房子刚好占据了“宝地”一角。胡雪岩大手一挥：“这有何难，你去买下他家房子，多少钱都行。”然而，劝说搬家的人去了一拨又一拨，那户人家就是不愿意搬。胡雪岩不相信还有钱办不了的事情，他疑心手下办事的人不会说话，便亲自登门拜访。他送了很多礼物，也说了很多客气话，然后才转入正题：“这杭州城里，你看上哪处宅子，我就帮你买下哪处宅子，你换一处好房子住，我也可以顺利地修胡公馆，这是两全其美的事情嘛，为什么不愿意搬呢？”那户人家也很客气，他们的当家人说：“这是祖宗留下的宅基地，虽然庭院小，但毕竟是好几代人住过的地方，我们在此可以追念先人的遗德。倘若卖了，我们就成了不孝子孙。您出再多的钱，我们也不会卖的。”胡雪岩愣住了，他根本没想到礼物送不出去，还碰一鼻子灰，只好恼怒地拂袖而去。

回家后，他越想越生气。管家见此情状，就出了个主意：“老爷不如上衙门告他去，就说他影响我们修宅院。官府里都是和您熟识的人，肯定会替您说话。”胡雪岩

胡雪岩故居内景

觉得不妥当，这个根本不能算作罪名嘛，但他实在太迫切地希望修宅院了，犹豫再三，还是采纳了这个馊主意。他的一个朋友一直很关注这件事，得知他没有说服对方，又匆忙地要打官司，赶紧马不停蹄地来到胡府。“使不得！切不可告上衙门！”这个朋友还没进屋，就大声喊道。此时，递状纸的人正要出门，胡雪岩连忙把他叫回来。朋友语重心长地说：“胡兄，你是有身份有地位的人，要是为这个事和普通百姓打官司，别人会说你气量小，以强凌弱。你一个做生意的人，讲究的是和气生财，一旦失了好名声，损失就大了！”胡雪岩一听这话，立刻冷静了很多，特别是“和气生财”这四个字，也是当年于老板多次教导他的。他低头思索了半晌，问道：“依你之见，此事应该怎样做才妥当？”朋友说：“我也没办法。我建议，再把风水先生请来，让他出出主意。”胡雪岩眼前一亮：“怎么给忘了，马上去请！”

风水先生也告诉胡雪岩：“和气生财，不能打官司。”他和胡雪岩再次来到望仙桥附近察看地势。后来，风水先生说：“我已经想好了良策，西北处的人家不用搬走，只需要在宝地的东南角放一个大元宝来‘压财’，两头呼应，照样大吉大利。”胡雪岩心里的石头终于落了地，但他又纳闷地问道：“哪里去找那么大的元宝呢？”风水先生说：“这有何难，把大石头雕刻成元宝的形状就行了！”

没想到这么容易就可以解决问题！胡雪岩大喜。于是，择吉日破土动工。这天，附近的百姓都来看热闹，他们早已经听说了这件事的来龙去脉，对胡雪岩的气量和胸怀连连称赞。

胡公馆就这样在万众瞩目之中造好了，一切就像风水先生说的那样：大门朝南，青石板铺路，元宝状的大石头倒扣在路的东南角“压财”。人们亲切地称呼这里为“元宝街”。

此后多年里，胡雪岩的生意就像滚雪球一般越做越大，他更加意识到“和气生财”的重要性。

胡雪岩大富大贵之后，却从不忘本。除了开钱庄，还在杭州创立了“胡庆余堂”中药店，制造成药，免费送给生病而无钱救治的百姓。他因仁慈厚道，还赢得了“江南药王”的美名。

一百多年光阴转瞬即逝，望仙桥附近的繁华景象早已是今非昔比。人们感念胡雪岩的仁爱与功德，这条由一百多块青石板铺成的元宝街也一直完好无损地保留下来。胡雪岩追求财富、讲究“和气生财”的故事也流传至今。

第三辑

凡人故事：善积古称家有庆

孩儿巷：家庭教育的警钟

孩儿巷位于杭州市拱墅区，在中山路和武林路之间。南宋时期，陆游在这里住过，还写下“小楼一夜听春雨，深巷明朝卖杏花”的佳句。人们每每读起这首诗，便会想起爱国诗人陆游，想起孩儿巷里的江南春雨，想起今天杭州市孩儿巷里格外安适静谧的古建筑——陆游纪念馆。孩儿巷因陆游而闻名，那它因何而得名呢？

这是一个十分悲情的故事。

很久以前，这条巷子里面住着一户穷苦人家，只有母子二人。母亲含辛茹苦地养育着孩子，靠给人洗衣服做缝补为生。孩子六七岁，非常乖巧听话，母亲常常能在劳累中得到一丝安慰。

天气晴朗，孩子跑出去和小伙伴玩捉迷藏。正巧，附近一家干鱼店老板正在晒大黄鱼。他把剖好的鱼洗净、清除内脏，然后用铁钩钩住，挂在竹竿上。阳光明媚，大黄鱼细细的鳞泛着金灿灿的光芒，淡淡的腥气弥散开来，刺激着孩子的鼻子。孩子停下嬉戏，目不转睛地盯着人家晒鱼。好久没有吃过黄鱼了，他不禁偷偷地咽着唾沫。别的孩子叫他，他也没听见。

过了一会儿，店里的大黄鱼全部都晾出来了，老板就去忙别的事情了。那孩子继续和别的孩子一起捉迷藏。一阵风拂过，一条黄鱼啪地掉落到地上，孩子刚好看到了。他见四处无人，就偷偷地捡起这条外皮已经风干的黄鱼，把它揣进怀里。他对别的孩子说：“今天不玩了。”然后就喜滋滋地回家了。

他的母亲还在家里洗衣服，双手被水泡得发白。孩子很心疼母亲，一边叫母亲别干活了，一边得意地从怀里掏出那条黄鱼来：“娘，今天不用洗衣，我们有吃的了。”他的母亲用手背擦了擦额头上的汗，然后转身来定神细看，不禁惊讶地问：“你从哪里得来的大黄鱼啊？”孩子脆生生地答道：“地上捡的！那家干鱼店今天晒鱼，鱼掉到地上，我就捡回来了。”母亲觉得孩子的做法有些不妥，但她想，孩子又没拿别人的，不过是在地上捡的罢了。况且，孩子小小年纪就懂得体谅母亲，实在不容易啊！于是，她擦干手上的水，摸摸孩子的小脑瓜，说：“我儿能干！”接着，她把孩子抱起举过脸庞，对着他的小脸亲了一下。尽管抱起孩子，她感到有点吃力，但她觉得唯有这种好久不曾有过的亲昵才能表达她对孩子的夸奖。

母亲把鱼煮好，把首尾的部分留给自己，中间的部分给了孩子。孩子吃得很香，一边吃还一边想，要是明天还能捡一条鱼就好了。

挂鱼的铁钩子都在，鱼却少了一条，从那天以后，干鱼店的老板就格外注意了。到晒鱼的时候，他就把竹竿挂得更高了。孩子几次有意路过，都没有看到一条鱼掉落，他很失望地走了。

几天以后，孩子看见附近街巷里，几个邻居围着买鸡蛋，他慢慢地挤到那个篮子跟前看热闹，趁大人们在讨价还价，他偷偷地摸了一个鸡蛋就溜出来了。他把鸡蛋带回家，等着母亲的表扬。母亲问他鸡蛋是哪里来的，孩子就照实说了，母亲又亲了他的脸蛋，还把鸡蛋煮给他吃。孩子觉得，这个香喷喷的鸡蛋太好吃了，他递给母亲咬了一口，母亲开心极了，不停地夸孩子孝顺。

后来，那孩子出去玩耍，总要留意谁有吃的东西，或者，谁在卖吃的东西，一旦看见人家没注意他，他就会神不知鬼不觉地悄悄拿走一点。家里经常挨饿，有了这些东西，可以暂时填填肚子。而且，孩子很希望看到母亲为这些食物而欣喜的神情。

有一次，那孩子看到一辆马车经过巷子，赶车的人把一个包袱放在身后，马车颠簸，那个包袱就要抖落了，赶车的人却没有发现。那孩子就故意大声喊道："这条路不通！"赶车的人赶紧勒住马车，对他感激地说："是不是该走外面那条路？幸好你提前告诉我了。"在他掉转马车的时候，那孩子轻轻地扯下了马车上的包袱，又飞快地把包袱揣进怀里，装作若无其事地回家了。那条巷子当然是通的。赶马车的人不知道自己的包袱被拿走了，他还因为走到一条略微宽敞的驿道上而加快了速度。那孩子兴高采烈地回家，把包袱打开给母亲看，里面有衣服，还有一点银子。母亲十分高兴，她甚至不想再问，这些东西从哪里得来的，那肯定是从外面拿的，既然没被发现，就太幸运了，她又开始夸奖她的孩子了。

那孩子就这样一次次地得手了。他已经不满足于吃的东西，穿的，用的，还有银子，只要值钱的，他都喜欢，他都会趁人家不注意就拿走一点。每天回家之前，他就想着带点什么东西回去。一天，他见卖炊饼的人路过，就盯上香喷喷的炊饼了。卖炊饼的人走街串巷，沿途叫卖，有人买炊饼，他就会放下担子，把炊饼拿出来，递给别人。有时候遇到富户人家一下子买几个，他就会把炊饼用荷叶包好，再送到宅院的门口。那孩子就跟在卖炊饼的人身后，等机会下手。碰巧，卖炊饼的跟一大户人家的门房很熟，就搁下担子，闲聊了几句。那孩子赶紧去拿了两个炊饼，转身跑了。这一次，他被发现了。卖炊饼的人追着他，一直追到他家的门口。那孩子赶紧躲到母亲身后，卖炊饼的人就告诉孩子母亲，这孩子拿了炊饼没给钱。他本以为，这个母亲会好好教训一下她的孩子，哪知，母亲却生气地说："不就是两个炊饼吗，我给你钱就是了！看你把我孩子吓坏了！"卖炊饼的人十分惊讶，他叹了口气，说："哪有母亲这么惯孩子的，你这不是爱他，是在害他啊！"那母亲扔了几个铜板过来，就把门关上了。卖炊饼的人站在巷子里，气得半晌说不出话来。

十多年过去了，杭州城出了一桩命案。有个年轻的劫匪拦路抢劫，被抢的老人死死拽住自己的包袱不肯松手，劫匪就把老人推到河里淹死了。官府派人查案子，得知那个老人舍不得松手的原因是，包袱里有祖传宝贝——一颗价值连城的夜明珠。案子很快就破了，劫匪也被抓进大牢。根据律法，等到秋后，就会在菜市口问斩。

行刑的这天，杭州城的百姓都出来了，刑场外黑压压一片，人们争着挤过去，都想看看心狠手辣的劫匪究竟是什么样子。当年卖炊饼的人也在人群中。这时候，人群里传来凄厉的哭声："儿啊，你走了，娘可怎么办，娘也不活了啊！"人们吃惊地往回看，那是一个披头散发、满脸泪痕的妇女。不用说，她就是这劫匪的母亲。人们怜悯地看着她，为她让出一条路来，让她离劫匪更近一点。然而，劫匪却冷冷地看着妇女，丝毫不为所动。人们议论纷纷，说这劫匪真是铁石心肠，连自己的母亲都不管不顾。有人认得那个母亲，指指点点地告诉周围的人："这个劫匪，就是从小被他母亲害了！"卖炊饼的人忽然想起来了，这个劫匪就是当年偷拿炊饼的孩子啊，他已经长大，却沦落到这一步！卖炊饼的人不禁长叹一声："可惜啊，可惜！"

行刑的官差问劫匪，临死前还有什么要求。劫匪漠然地环顾四周，最后把目光落在他母亲身上。他说："我想再吃一口奶！""什么？"人群里一阵惊呼，又一阵躁动。劫匪看着母亲，又说了一遍："我想再吃一口奶！"他的母亲，尴尬地望着他，眼泪滂沱，已经说不出话来。她迟疑了一下，朝儿子走近，并撩起衣衫，此时，她多希望，眼前的儿子还是那个怀里吃奶的孩子啊，那么，一切还可以从头再来！可是，一切，已经晚了！她想起儿子第一次往家里拿鱼干的情景，那时候，他多么懂事，多么可爱啊！那时候，她哪里想得到，儿子会沦为江洋大盗，还要被斩首示众！儿子跪在那里，望着她，目光里全是仇恨的怒火，忽然，他猛地一口咬去。说时迟，那时快，人们只听到母亲发出一声惨叫，就看到那个劫匪满嘴是血。原来，他咬掉了母亲的奶头并把它吐掉。望着惊愕的母亲扭曲痛苦的表情，年轻的劫匪歇斯底里地狞笑道："你不是我的娘！我恨你！就是你害了我！没有你的纵容，我哪会走到这一步！"

刀光一闪，人头落地。那个母亲发疯地扑过去，然而，她的儿子，已经身首异处。她瘫倒在地，仰天嚎哭起来……

那个母亲把儿子埋葬后，自己便吊死在家中。从此，那条巷子变得凄清冷落，人们许久都不愿意经过那条巷子，有人说："那里住过一个糊涂母亲啊，她害死了亲生儿子，也把自己害死了。"还有人说："那条巷子是个害儿巷啊！"人们还说，那个娇惯孩儿的母亲自食其果，以后再也不要有这样的事情发生了。后来，大家都称这里为“害儿巷”，它以前的名字反而被人们遗忘了。由于“害”与“孩”谐音，久而久之，这条巷子便被人们称作“孩儿巷”。

中华民族重视家庭教育，母慈子孝历来是家庭幸福和美的重要标志。“孩儿巷”的故事能传承下来，“孩儿巷”的地名能保留到今天，是历朝历代杭州人民对家庭教育深刻反思的结果。至今，这个巷名依然如同一记警钟，时时叩问着从这里经过的人：今天，你对孩子的教育合格吗？你的教育和引导是否考虑过孩子的未来？

五福亭：家和才能福临门

五福亭位于杭州市上城区彭埠街道，靠近钱塘江海塘。古往今来，这一带民风淳朴，长幼之间、邻里之间都相处得和和美美。“五福亭”的故事就来自这里。

相传，古时候，这里住了一位姓刘的财主，他早年读过书，未考中功名，便回乡管理祖上的田产。他勤俭节约，善于经营，到中年时候，家里就有良田千亩，房屋百间。和那些为富不仁的财主不一样，刘财主心地善良，宽厚待人，经常接济穷人，周围的贫苦百姓都很尊重他。

刘财主有五个儿子。他曾读到《尚书》解释五福的意思：“一曰寿，二曰富，三曰康宁，四曰攸好德，五曰考终命。”于是，他就根据这个解释，给儿子们分别起名为：刘寿，刘富，刘康，刘德，刘善。他希望刘家五福临门，子子孙孙福禄绵长。

这五个儿子倒也争气，个个精明能干，家中的钱财也越来越多。儿子们长大成人，陆陆续续娶妻生子。家里人多了，相处起来就不那么容易了，刘财主越是希望家庭和睦，家里的矛盾却是越来越多。儿子们是自己生的，骂一骂也就过去了。可媳妇呢，全都来自富贵人家，个个争强好胜，总为一些鸡毛蒜皮的小事发生争执，还吵得不可开交。在儿媳妇们的争吵声中，刘财主常常恨不得自己的耳朵聋了，他觉得家庭矛盾比田间那不断生长的杂草还难打理。

这一年的春节前夕，刘财主从集市上买来几十副对联和几十张“福”字，他安排仆役们调制好浆糊，便兴致勃勃地要亲自贴春联、贴“福”字。小孙子、小孙女们也高高兴兴地跑来看。一个孙女踩在院里的青苔上，不小心就滑倒在地，把红彤彤的新衣服弄得全是泥，她就坐在地上大哭起来。刘财主赶紧叫大点的孙子去拉妹妹，哪知这女孩的母亲见了，便以为男孩把女儿推倒了，不问青红皂白，立刻破口大骂。男孩的母亲听了，也毫不示弱地对骂起来。一时间，院子里鸡飞狗跳，骂声不断。刘财主好不气恼，难得的好心情就被这骂声给毁了。他生气地把剩下的对联往地上一扔，回自己屋里去了。不一会儿，儿子们回来了，刘财主盼着儿子们解决妇人的争端，哪知吵骂声越来越烈。吵着吵着，他们竟然说出“分家”的话来。刘财主最恨“分家”这两字，在他看来，家里人多，才有富贵吉祥，一旦分家了，还叫“一家人”吗？

此时，屋外天色已暗，但家里“火药味”仍然很浓。刘财主越想越生气，索性戴上皮帽，披了皮袄，一个人出了院门。去哪里呢？他也不知道。眼下，村里炊烟四起，家家门前都贴上了春联和“福”字，有的还挂起了灯笼。他怕别人看见，也怕别人问他去哪里，只好拉下帽檐，把脸遮住。刘财主走了很远，渐渐地，天黑了，只觉得江边上北风呼啸，寒气逼人。刘财主走累了，但心里气恼得很，也不想往回走。周围黑漆漆的，也没处可去，他看见附近地里有几个草垛，就想着：索性藏到草垛中间去熬过一夜吧，等明天再作打算。

第二天清晨，刘财主被冻醒了，他扒开草垛一看，到处白茫茫一片，地上结满了霜。天可真冷！刘财主不禁想到，自己一辈子勤勤恳恳，到处做好事，怎么年老时候竟然落到这个地步，不禁悲从中来，一时老泪纵横。正巧，一个早起的赶路人经过，他听到草垛里有声响，就小心地走过来看，便发现了靠着草垛不停落泪的刘财主。赶路人立刻宽慰他凡事想开一点，又把揣在怀里的煎饼递给他吃，还热情地邀请他到自己家里做客。刘财主也不拒绝，就去了赶路人的家中。赶路人把刘财主托付给家人，自己忙着出门办事去了。院子里的邻居们听说了，也赶忙来看望刘财主。他们见他这般沮丧，知道他遇到不顺心的事情了。邻居们也不打听，只是纷纷邀请刘财主到自己家去做客。刘财主发现，这些人对他很真诚，他们家庭境况并不好，有的人家，屋里徒有四壁，但母慈子孝，夫妻相敬如宾。刘财主不由得感慨万千，自家为什么天天吵吵闹闹，难道是钱惹的祸？看来，这一辈子省吃俭用，攒来的钱根本就不是好东西啊！

到了晌午时分，村里人还把自家的年货拿来送给刘财主，刘财主十分感动。他思来想去，那个家也别回了，不如在这里修个简单的屋舍，了此余生。他问村里有没有工匠，能不能帮自己修几间屋子。村民们很吃惊，但都乐意帮他。大家觉得应该尽快修个房子给这位流浪的老人安个家。他们找来工匠，说干就干。刘财主掏出怀里的银子，索性交给村里人全权办理。

第二天，木料就运来了，石材也搬来了，在工匠们的忙碌下，地基很快就要打好了。正当大家忙得不亦乐乎的时候，刘寿带着老婆找过来了，夫妻俩被眼前的一幕惊呆了。原来，刘财主离家出走后，儿子媳妇都慌了，起初他们都责怪对方，后来就纷纷自责起来，都意识到自己的不对。他们担心老父亲万一有什么三长两短，兄弟五人都成了千古罪人！为了找回父亲，他们兄弟妯娌仿佛拧成了一根绳，大家商量着，安排一部分人去自家田庄上找，剩下的则朝不同方向边走边问。刚好老大就找到这里来了。

刘寿让跟来的家丁赶紧回去通知其他弟兄，然后也不管周围的人在场，就一把拉着老婆跪到地上，一个劲儿地磕头认错。

村里人见此情景，也明白了几分，他们停下干活，都劝刘财主跟儿子回去，都说快过年了，一家人团团圆圆比什么都强。

“我们也停工吧。”大家议论纷纷。“不能停工！”刘财主坚定地说。众人惊讶地望着他。刘财主接着说：“不用造房子了，大家就在这里造个凉亭吧，给过路人避避风雨。”话音一落，所有人都赞不绝口，大家都说刘老爷考虑得周到啊。

刘财主便跟儿子们回去了。一家人欢欢喜喜准备过年。这是一个难得的祥和年，家里再也没有争吵了。

一个多月后，刘财主想起亭子的事，便备了马车，往钱塘江岸赶去。亭子已经造好了，村里老小在亭子周围休息玩耍，一派喜气洋洋的景象。大家见了刘财主，非常高兴，都来问好，大家七嘴八舌地说：“亭子还没名字呢，请刘老爷给起个名字吧。”刘财主想了想，说：“就叫五福亭吧。”大家听了，都拍手叫好：“五福亭好，新年里，大家都要五福临门啊！”

很快，方圆百里的人家都知道了五福亭的故事，大家都说这个亭子的名字起得好。从那以后，附近人家若有家庭矛盾，人们总会提及“五福亭”的故事，说起“家和万事兴”的道理。慢慢地，大家都明白了，只有家庭和睦，才有福气降临。这一带许多人家也就和和气气，相处十分融洽。

后来，人们把这一带都叫“五福亭”。

高银街：实诚小伙计的成功路

高银街在杭州市上城区，西起劳动路，东面与河坊街相连。这是一条长街，位置既不高，也不产银子，可为何起了“高银街”这个奇怪的名字呢？

很久以前，这里有一家卖“灌肺”的店铺很有名。灌肺是杭州地区的一道传统名菜，在宋朝时期尤其盛行。这道菜以完整无损的猪肺（或者羊肺）为主料，先把猪肺反复用清水洗净，直到肺叶由红色变成白色。又把杏仁、核桃仁、松子仁等磨成粉，加上鸡蛋清、芝麻酱以及各种调味品，调成稀糊。然后，把这种稀糊灌入洗净的肺叶里，再放入蒸笼，大火蒸熟，最后切片装盘，这就成了一道美食——灌肺。

因为有这家灌肺店，人们都把这条巷子叫作“灌肺巷”或“灌肺岭巷”。巷子里有个小伙计姓高，从小父母双亡，靠街坊邻居的接济得以长大成人。灌肺店老板见小伙子勤劳肯干，就让他来店里做工，小伙子也很乐意。

一天晌午，店里的核桃用完了，老板叫小伙计去集市上买。小伙计赶紧搁下手上的活儿，带着一个大布袋就出去了。集市上熙熙攘攘，十分热闹。小伙计也不耽搁，找到卖核桃的地方，挑选出壳薄个大的核桃，讲好价，付了钱，就把满满一袋核桃扛在肩头，匆匆往回赶。

快到灌肺巷的时候，小伙计已经累得气喘吁吁，见路边有一块大石头，刚好在树荫下，便把核桃从肩上卸下，搁在石头旁，自己也坐在石头上擦汗休息。这时候，嗒嗒的马蹄声由远及近，眼见着一匹枣红色大马飞驰而过，小伙计还没看清楚骑马的人，只听啪的一声，从马上飞出一个沉甸甸的蓝色钱袋，不偏不倚，刚好落在小伙计的脚旁。小伙计吃了一惊，赶紧冲着那匹飞马大声喊道：“喂，东西掉了！”然而，马蹄声远去，只留下一阵尘土。

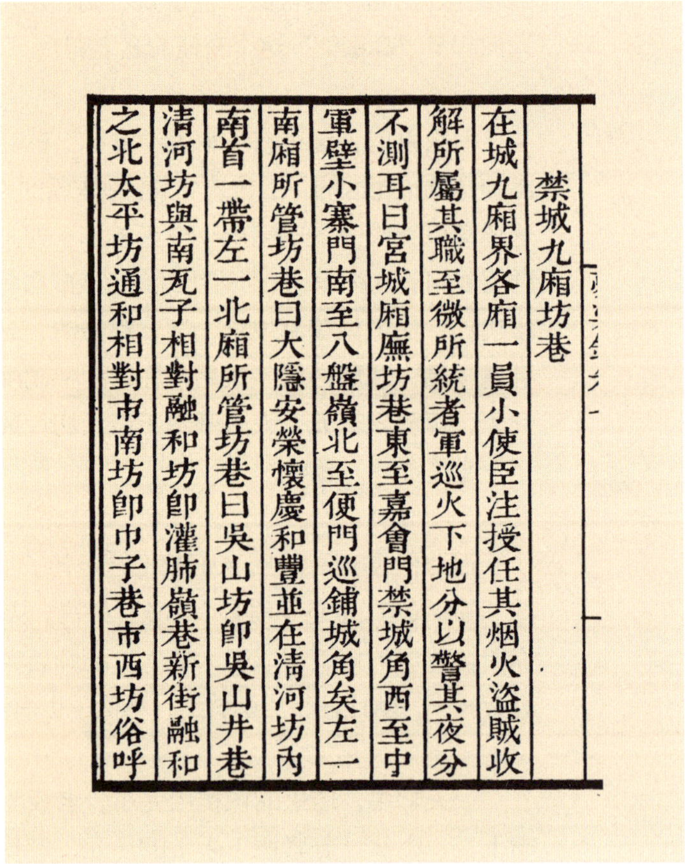
禁城九廂坊巷
在城九廂界各廂一員小使臣注授任其烟火盜賊收解所屬其職至微所統者軍巡火下地分以警其夜分不測耳曰宮城廂廡坊巷東至嘉會門禁城角西至中軍壁小寨門南至八盤嶺北至便門巡鋪城角矣左一南廂所管坊巷曰大隱安榮懷慶和豐並在清河坊内南首一帶左一北廂所管坊巷曰吳山坊即吳山井巷清河坊與南瓦子相對融和坊即灌肺嶺巷新街融和之北太平坊通和相對市南坊即巾子巷市西坊俗呼

〔宋〕吴自牧《梦粱录》载“灌肺岭巷”

小伙计一边拾起钱袋，一边低声埋怨道："这人什么事那么急啊？难道是个聋子？"钱袋很精致，沉甸甸的，小伙计迟疑了片刻，便打开来看，天哪，一口袋白花花的银子！从小到大，他还没见过这么多银子啊！他慌乱地环顾四周，没人看见。

小伙计心里扑通扑通地跳啊，这么多银子，要是拿去买田置地，或者修房造屋，再娶一个漂亮的老婆，这辈子怕是都够用了。他有点恍惚，甚至觉得自己在做梦！可是，地上分明还有一袋核桃啊。对了，老板还等着核桃呢。想到老板，小伙计如梦初醒，又懊恼又愧疚。老板对自己那么好，从不责骂，还教给自己做人的道理，简直像对待亲生儿子一般，自己要是跑了，谁把核桃送回去？还有街坊邻居们，会不会骂自己忘恩负义？从小就是东家给饭吃，西家给衣穿，自己要是这么不明不白地跑了，就是无情无义之人，大家该多么失望啊。小伙计把银子抱在怀里，来回踱着，不知所措。

"那个丢失银子的人，恐怕是有急事吧？马为何跑那么快？是家里有病人等着钱用，还是有官司等着了结？他发现银子掉了会怎么办？"想到这里，小伙子不再犹豫了，他决定就在此处等待。他相信，那个失主肯定会沿途找回来。

于是，小伙计端坐在大石头上，一边眺望着枣红马远去的方向，一边暗自祈祷那人早点发现银子丢失。

日过中午，火辣辣的阳光投射下来，小伙计又渴又饿，他一边张望着远处，一边不停地擦汗。这时候，有个赶着毛驴过路的人经过，非常惊讶地问道："这不是灌肺店的小伙计吗？你在这里做什么？"小伙计抬头一看，终于遇到熟人了啊。他赶紧起身，把那袋核桃托付给赶驴的人，请他带给老板。赶驴人很纳闷：“天这么热，你怎么还不回店里？”小伙计把那袋银子给赶驴人看，说自己要等着失主回来。赶驴人哈哈大笑：“你这傻小子，别说这一袋银子，任意拿走一锭，也够你不吃不喝挣上十年！上天要你发财，你还犯傻不要啊？”小伙计诚恳地说：“我们老板教过我，不能贪图不义之财。我还是在这里等等吧。”赶驴人愣住了，不禁为刚才的话而脸红了。他随着小伙计的目光向路的尽头望去，半晌才嗫嚅道：“这失主要多久才来啊？”他感到很惭愧，又接着说：“那你先等着吧，我去给你们老板说一声。”说完，他把一袋核桃放到驴背上先走了。

慢慢地，太阳快要下山了，小伙计开始着急起来。这失主要是再不来，天黑后自己还在这里等吗？夏夜倒不怕凉，但自己一天没做工，老板肯定忙坏了。正在此时，小伙计忽然听到了马蹄声，只见一个商人模样的中年男子牵着一匹枣红色大马正缓缓走来。“年轻人，你可看见过一袋银子，蓝色钱袋装着的。”中年人焦急地问道。他神色疲惫，声音嘶哑，看来已经走了很远的路。小伙计打量着那匹马，不错，他认得这匹马。他把那袋银子递给中年人：“是这个吗？”中年人忙接过钱袋，激动地说：“是，正是！我已经找了大半天了，没想到还能找得到！你可真是好人啊！”他告诉小伙计，自己是一个珠宝商，这些银子都是进购珠宝的定金。今天他匆忙地赶到约定的地点，才发现银子不见了。他沿路找回来，边走边问，几个时辰过去也没找到，差点就要放弃了。

失而复得，珠宝商喜不自禁，就从袋里取出一锭银子，放到小伙计的手里，说是以此为谢。小伙计慌忙拒绝，一番推辞，他的脸已经涨得通红。珠宝商再三要赠送银子，小伙计坚决不要，他说：“我不要您的银子，我今天耽搁了一天没做事，请您去给我们老板讲明情况就行。”

高银街

珠宝商只好收起银子，问小伙计在哪里做工，又说天色已经晚，正要找个地方吃晚饭，刚好可以去尝尝灌肺。小伙计这才想起自己还没吃过午饭呢。于是，他俩一边攀谈，一边往灌肺巷走去。

灌肺店老板见小伙子和珠宝商一起到店里，已经全明白了。他端来好酒好菜，还有一大盘灌肺，三人坐下来一起吃饭。推杯换盏中，珠宝商说了很多感谢的话，还不断感慨，说自己万万没想到，这么多银子竟然还能失而复得。灌肺店老板告诉珠宝商，小伙计从小就朴实厚道，这条巷子的人看着他长大，都知道他是一个绝对靠得住的人。珠宝商喝下一大口酒，激动地拍拍老板的肩膀，说："我打算在这附近开个珠宝行，正需要一个靠得住的人来经营。"老板吃惊地看着珠宝商，这不是明目张胆地在挖墙脚嘛！老板又看看埋头吃饭的小伙计：这孩子肯定饿坏了，狼吞虎咽，满头大汗，对于老板和珠宝商的对话竟是浑然不觉。"真是个实诚人啊！"老板一边想着，一边环顾店内：自己的店还是小点了，应该给这个孩子更广阔的天地。

在老板的应允下，这个姓高的小伙计就跟着珠宝商去了。

珠宝商的生意做得很大。他把杭州的茶叶和丝绸运到别处，又从海外带回一些珠宝、香料，来杭州贩卖。他把经商的经验和技巧一一告诉小伙计，小伙计聪明好学，很快就懂得了其中的诀窍。没过多久，珠宝商在灌肺巷开了一家卖珠宝的分店，并把这个店交给小伙计全权负责。

灌肺巷的街坊邻居纷纷出来向小伙计贺喜。大家说，小伙计能够得到珠宝商的赏识和信任，全凭忠厚的人品。此后，街坊邻居都喜欢把小伙计当作榜样来教育自己的孩子：“好人有好报！一定要做一个品行端正的人！”

姓高的年轻人就这样诚实经营着，把珠宝店的生意越做越红火，灌肺巷成了杭州城里银子流通量最大的地方。人们亲眼看到这个姓高的穷青年逆袭成为励志的榜样，便把这条巷子叫作“高银巷”。每当说起这个名字，人们就会想起姓高的小伙计和他的珠宝店，当然，还有他拾金不昧的故事。

江山弄：工匠善举留美名

江山弄在杭州市拱墅区，西边直抵武林路，东北方与灯芯巷相连接。这是一条并不出名的街道，却拥有一个大气磅礴的地名，让人不由得想起苏东坡那句著名的词句："江山如画，一时多少豪杰。"不过，这个地名的来由，其实和宋代文豪苏东坡没有丝毫关系。

明朝末年，杭州城郊外有个叫蒋昆丑的织布工匠，父母早逝，没有兄弟姐妹，独自一人靠祖传的手艺来维持生活。他为人忠厚善良，做事勤勤恳恳，生活还能凑合着过下去。

清兵南下，明朝子民流离失所，不少人逃往杭州。每当遇到逃难的人，蒋昆丑总是把家里的食物分给他们，有时候还会给他们一点盘缠。

一个寒冷的冬日，蒋昆丑像往常一样早起。他生好了火，正要做饭，忽然听到屋外扑通一声，像是什么倒在地上，但很快又恢复了沉寂。他赶紧出门去看，一个衣衫单薄的老婆婆倒在地上，脸色煞白，已经昏迷不醒。蒋昆丑赶紧把她扶到屋里，用棉被把她包裹住，又把火盆放到她身旁。渐渐地，老婆婆苏醒过来了。她身体很虚弱，说话断断续续。她告诉蒋昆丑，自己和家人跟着其他人往南方逃，一路上兵荒马乱，已经和家人走散了，现在也不知子女是死是活。她这一路奔波而来，饥寒交迫多日，腿脚受伤，肠胃病也犯了，原本想到蒋昆丑家讨口热水喝，还没走到门口，就晕过去了……蒋昆丑非常同情她的遭遇，赶紧熬了粥，又一勺一勺地喂她吃下。蒋昆丑说："你可以暂时在我这里住下，说不定哪天你的儿女就找到这里来了。"老婆婆感激地说："年轻人，你真是个好人哪！"

休息了几日，老婆婆逐渐恢复了精神。一日清晨，她见蒋昆丑在织布，就站在旁边看。等蒋昆丑出门卖布匹后，老婆婆也坐到织布的机器前接着织。蒋昆丑卖布回来以后，发现又一块布匹已经织成。蒋昆丑摸着那新织好的布匹，欣喜地说："原来婆婆织布的手艺这么好！"老婆婆说："小伙子，你家境也不宽裕，我不能老是白吃白住。以后你去卖布，我来帮你织布。"

由于大量百姓的涌入，杭州城里对布匹的需求量也超过了往年，蒋昆丑和老婆婆织的布已经供不应求。他便又买了一架织布机。

冬去春来，夏天也近了。一天，老婆婆对蒋昆丑说："夏天热，织布的时候，要和冬天要有所区别，应该把纺出来的纱先浆洗一遍。"她接着又给蒋昆丑示范："洗好了的纱不能放在太阳底下晒，就晾在阴凉的地方，慢慢阴干。你看，还要像我这样，一边晾纱，一边梳理，让它更平整。"蒋昆丑虚心听着，一边仔细琢磨，觉得这个办法非常可行。

果然，用浆洗过后的纱织布，不仅没有褶皱，还轻薄如蝉翼，用它做成衣服，穿上十分凉爽。因这种薄薄的棉纱颜色雪白，如同天上的皓月，蒋昆丑便给它起了个好听的名字叫“皓纱”。这种“皓纱”一拿到城里，就被一抢而空。蒋昆丑发现老婆婆纺纱织布的过程和自己略有不同，这也是北方和南方纺织技艺的差异，他便认真思索，结合两种方法，自己重新开发出更省时更精良的织布技术。

杭州城其他织布工匠见蒋昆丑的布卖得好，都来向他学习好的技术。蒋昆丑也从不隐瞒，和老婆婆一起热心地教大家技术。蒋昆丑的布供不应求，经常有裁缝店的人上门来预定，他家屋外渐渐地成了个卖布的小市场。别的织布工匠发现这里的商机，就纷纷搬到附近，一边学习织布技术，一边等裁缝店上门来买布。很快，这里就形成了一条小街，并且日渐繁华。

蒋昆丑一边卖布，一边帮着打听有没有人见过老婆婆的子女，遗憾的是一直没有音讯。

乐善好施的蒋昆丑救下了逃难而来的老婆婆，还学到了北方的纺织技术，并把南北方的技术结合在一起，融会贯通，开创出了更加精妙的纺织工艺。最可贵的是，他能将这种工艺无私地广泛传授，使得这里形成了以纺织为特色的街道。人们为了表达对蒋昆丑的崇敬和感恩，便把这条街道叫作“蒋纱弄”。时间长了，在口口相传中这个名字便逐步演变成了“江山弄”。

千百年来，正是由于无数如同蒋昆丑这样或许平凡，却尽己之能无私助人的善人们，才点缀得我们的万里江山更加壮美，“蒋纱弄”演变为“江山弄”，偶然中或许也有着必然吧！

柳翠井巷和柳翠桥弄：位卑不忘济苍生

从古至今，青楼女子都被世人所鄙视。但也有例外，南宋时期的柳翠，就受到了人们的尊重。在今天的杭州市上城区，有柳翠井巷和柳翠桥弄社区，其名字就来源于人们对柳翠这位青楼奇女子的纪念。

柳翠是山东人，大约出生于北宋末年。十五岁那年，柳翠的父亲柳宣教考中进士，被派往杭州担任令尹。柳翠和母亲继续在山东老家侍奉祖母。柳翠的母亲以织布为生计。她勤劳贤惠、乐善好施，自己并不宽裕，却常常帮助那些比自己更困难的穷人。柳翠从小耳濡目染，也以帮助别人为快乐。

柳宣教在杭州为官清正，深受百姓的爱戴。他孤身在外，格外思念妻女，就写信叫她们来杭州团聚。然而，书信还未到达山东，他却一病不起。此时，金兵入侵，山东一带的百姓四处逃难。这一年，柳翠的祖母也病逝了。柳翠和母亲一起安葬了老人，便收拾金银细软，千里迢迢地去投奔父亲。

一路颠沛流离，母女俩终于到达杭州。此时的杭州城街市繁华，车水马龙，不断有逃难的人涌进城里。柳翠去衙门打听，询问父亲的消息。差役们告诉柳翠，柳宣教已经于一个月前病故了。这消息无异于晴天霹雳，母女俩既震惊又悲痛。府衙的差役把柳翠和母亲带到柳宣教的墓前，就急着离开了。那时候，到处是逃难的、寻亲的人，府衙也不愿意给她们一点帮助。

母女俩在墓前撕心裂肺地哭泣，恨苍天无眼。她们举目无亲，所带盘缠已经用尽，柳宣教两袖清风，也没有留下什么积蓄，一切都使母女俩举步维艰。她们只好暂居在客栈里。长时间的奔波劳累，加上悲伤过度，母亲不久就客死在临安城。可怜柳翠甚至没钱买一口薄棺。她走投无路，只好把自己卖身到青楼，以此钱币来安葬母亲。从此，柳翠便沦落风尘。

柳翠相貌姣好，又会吟诗作对，很快就声名大振。那些富家子弟为了见她一面，不惜花费重金抛掷于青楼。

柳翠和别的青楼女子不一样，金兵南下，她看到许多穷苦百姓流离失所，感到非常痛心，就常常把钱财施舍给穷人。临安城里很多逃难的人都得到过她的帮助。

柳翠发现抱剑营附近许多贫苦百姓不仅缺衣少食，甚至饮水也很困难。这些人常常要到很远的地方去挑水，有时候还会遭到一些富户的欺凌。柳翠决定出资凿一口井给大家用。当她把自己的想法说出来后，青楼的姐妹们都大吃一惊。柳翠说："钱财都是身外之物，我的双亲已经不在人世，我还要这些钱财做什么，应该把银子用到值得的地方。"有人劝她："你无依无靠才更应该为自己打算，没有银子，你以后靠谁？"柳翠坚定地说："金人打过来了，我恨自己不能像男子那样去战场上斩杀敌人。身为女子，又堕入风尘，但至少可以为临安城的穷人做点好事。"那以后，柳翠就到处打听工匠的住处。

她把自己的积蓄拿出来，交给工匠，请他们全权负责择地、凿井。为了防止小孩跌到井里，她还特意要求把井圈筑得高一点。

工匠们忙碌地开凿，附近百姓们都很关注，连过路的人也为此称奇，他们纷纷赞叹柳翠的功德。几天后，井水源源不断地涌出来，吃水困难的问题终于解决了！围观的百姓都欢呼起来。工匠们深受感动，他们凿过那么多井，有官员出资的，富人出资的，但青楼女子出资，还是第一次啊！他们在井圈上细致地雕刻，留下“柳翠井”三个字，希望大家都能铭记柳翠的情义。从那以后，人们就把柳翠井旁边的小街叫作“柳翠井巷”。

从此，柳翠出资凿井的故事被人们传开了，柳翠的名声更响亮了，人们不只爱慕她的美貌，还钦佩她的仁德和勇气。几年过去，柳翠又打算出资修一座桥。她说附近这条小河阻断了百姓的往来，进出有诸多不便，不如修一座桥方便大家出行。这一次，再也没有人劝说她了，人们帮她张罗，并找来工匠着手设计，附近贫穷的青壮年都纷纷响应说愿意为修桥出力。这座桥在大家的共同努力下，很快就建好了。小河两岸的人都得到了方便，人们十分感激柳翠，把这座桥称作“柳翠桥”，还把附近的弄堂叫作“柳翠桥弄”。

柳翠的积蓄花光了，她不能为自己赎身，她也没有像一些青楼姐妹那样，找个靠得住的男子嫁出去。据说，柳翠年老后，削发为尼，在青灯古佛下走完一生。

如今，杭州城已经没有柳翠桥的影子，唯有一些老人谈到柳翠井还依稀有印象。20世纪七八十年代，这口井还在，人们说它“古朴而精美”：方形井圈很厚实，上面可见“柳翠”二字，井壁用青砖砌成，光滑，密布着青苔……后来，柳翠井也湮没在城市的建设中，但柳翠井附近的柳翠井巷还在。曾经的柳翠桥消失了，现在只有柳翠桥弄社区。柳翠“位卑不忘济苍生”的故事也流传了下来。至今，在柳翠井巷和柳翠桥弄社区一带，人们仍然在讲述她的故事。

柳翠的人生无疑是坎坷悲凉的，但她造福黎民百姓的善举必将永远被人们铭记。

羊千弄：浪子回头金不换

羊千弄在杭州市拱墅区，位于艮山门附近，南面与莫衙巷相接，北面抵达头营巷。羊千弄这个地名，最早出现于南宋时期，关于它的来历，还流传着一个“浪子回头金不换”的故事。

宋朝时，羊肉是珍贵的佳肴，从皇室贵族到黎民百姓，人人都对羊肉非常喜爱。宫廷里曾流传出一句话——“饮食不贵异味，御厨止用羊肉”，意思是饮食方面不必过分追求奇珍异味，御厨只做好羊肉就可以了。人们对羊肉的喜爱程度由此可见一斑。为了能随时吃到羊肉，朝廷每年甚至会从北方买来很多羊，委派专门的官员负责管理，还招来很多羊倌，他们把这些羊集中养在一处，需要的时候再统一宰杀。

宋朝迁都临安后，艮山门南这一带，有一个规模宏大的东御园。这个园子里还设有皇家牧羊处，就是专门替朝廷养羊的地方。这里蓄养了近万头羊，专门的羊倌就有好几十人。羊倌们每天很早就要打开羊圈，把羊放出来，赶着它们四处活动，带着它们去水草丰茂的地方吃新鲜的嫩草、喝清澈的溪水。这些羊，长得膘肥体壮，肉质更是鲜美可口。羊倌们很辛苦，如果在规定时间内，羊群没有长出足够的膘，羊倌的工钱都会被扣掉一部分，要是耽误了宫中的贵人们食用羊肉，那罪过可就大了。

有一个姓杨的羊倌，每天早出晚归，勤勤恳恳地放羊。他的妻子待在家里也没闲着，做饭、带孩子，还帮人洗衣服。一家三口勉强能维持生计。他们给孩子起名叫杨遇，期望他健康长大，遇上好人，争取过上好日子。夫妻俩都疲于生计，没有好好教育孩子，只想着怎么能让他不饿着冻着。杨遇慢慢地一天天长大，养成顽劣的性格，喜欢游手好闲，终日里游荡在外。父母盼着他能帮着做点家务或者跟着去放羊，却根本叫不动他。他常常顶撞父母，还跟一些不三不四的人来往。

一个寒冷的冬天，忽然遭遇暴风雪。羊倌费尽力气，才把所有的羊赶回羊圈去，但他因此而染上风寒，回家后一病不起。没过多久，羊倌就命赴黄泉。羊倌的妻子十分悲伤，埋葬了丈夫，从此与儿子相依为命。母亲劝杨遇去放羊，杨遇却坚决不去。为了把这差使保留下来，母亲只好自己去放羊，为了挣到和原来一样的工钱，她被迫和男人一样吃苦耐劳。春夏还好，一到冬天草枯时节，她还得赶着羊群，走很远的路去寻找草地。

父亲去世后，杨遇更加粗暴蛮横。他好逸恶劳，根本不管母亲多么辛劳。母亲清晨出去赶羊的时候，他还没起床；母亲晚上回家的时候，他还在别处晃荡。有人对他说：“你也老大不小了，起码可以给你母亲煮点热饭吧？”他不以为然，还凶神恶煞地呵斥别人：“你少管闲事！”慢慢地，周围的人都知道这个人脾气暴躁，根本听不进别人的意见。大家也懒得和他说话了，只是，都非常同情他的母亲。

有一天，杨遇又出门去找狐朋狗友。一群人喝得醉醺醺的，跑到大路上搞恶作剧。正巧遇到一个年轻公子过路，杨遇他们仗着人多势众，故意去夺人家的马，把那个公子拉下马，还让他跌了一身泥。看着人家的狼狈相，他们就拍着手叫好。杨遇觉得这个非常刺激，继续在路上笑嘻嘻地捣乱。没过多久，先前那个公子又来了，还带来一伙人。杨遇没想到，此人衣着平常，却是富贵人家的少爷。他呆呆地看着他们逼近，酒醒了一半，却惊恐得迈不开腿。其他人慌忙中赶紧逃走，杨遇却被他们抓住了。那伙人把杨遇暴打一顿，还把他扔进水塘里。看着他在水里扑腾，他们都抄起手哈哈大笑，还恶狠狠地说："淹死活该！"

这天，杨遇的母亲正巧有事提前回来，路过这里，刚好看到杨遇在水塘里一起一浮。母亲心如刀绞，赶紧跑到水塘边，不顾一切地往池塘里冲。幸好池塘水不深，她拼命拽起杨遇，又赶紧呼救，周围的邻居过来帮忙，把杨遇拖到岸边。杨遇头发跌散，浑身是泥，瘫倒在岸上，不停地呻吟，原来，他的腿被打断了。那些打杨遇的人赶紧散了。街坊邻居们却不同情杨遇，都怪他惹是生非。大家愤愤不平地议论："太不像话了！"有人甚至还说："养这样一个儿，还不如养个畜生！"

杨遇的母亲顾不上这些了，她要去借一辆板车把杨遇拉回家，还要请郎中来医治杨遇的伤。这样往返几次，不停奔波，直到天快黑的时候，母亲才千恩万谢地送走了郎中。

杨遇的腿断了，终于待在家里，不能出门惹事了。为了照顾杨遇，母亲只好在家门口附近的地方放羊。有时候要帮他敷药，还得把羊鞭子交给邻居，请人家帮忙看一会儿羊。一次，正巧有一只母羊产了崽，只能在家里单独饲养。他的母亲每天忙得团团转。杨遇跷着断腿，看着小羊羔双腿跪着，在母羊身下吮吸乳汁，他感到十分奇怪，就问母亲：“这羊羔怎么跪着呢？它也是腿断了吗？”母亲正在给他敷药，听到这话，想到这个不争气不懂事的儿子什么都不知道，以后自己百年归山，他可怎么办？母亲不禁泪如雨下，话也说不出来。此时，那个帮着看羊的邻居已经非常气愤，他对杨遇怒吼道：“你家一直在放羊，你连羊羔跪着吃奶都不懂，可见你从来都没有帮过父母做事！连羊羔都懂得孝道，你却无情无义，连畜生都不如！”说着，他把羊鞭子朝着杨遇甩了过来。那鞭子刚好打在杨遇的伤腿上，杨遇忍不住一声惨叫。那撕心裂肺的疼痛仿佛一记闷棍，打醒了杨遇，让他幡然悔悟：自己难道真的连畜生都不如！

半个多月后，杨遇的腿伤渐渐好了。他的母亲却因过度操劳而更加憔悴。自从挨了那一鞭子后，杨遇一直在反思自己的言行，慢慢地他明白了自己做得不对，必须要改掉恶习。这天，他主动告诉母亲，自己可以去放羊，母亲只需要在家继续照顾羊羔。他的母亲几乎不敢相信，这个儿子竟然说要改邪归正，还说要从头做起。

杨遇本来是一个很聪明的人，很快地，他就掌握了放羊的技巧。慢慢地，他负责的羊群里增加了更多的羊。他养的羊长得很壮，比那些长期放羊的人还要做得好。后来，杨遇一个人就能同时管理上千头羊，每当他赶着羊群走在巷子里，就是一片浩浩荡荡的景象，这一幕被坊间传为佳话。人们都说杨家儿子好能干，能顺顺利利地赶着上千头羊。杨遇家里也不再像过去那么贫穷了。街坊邻居们都为这母子俩高兴，都说这真是“浪子回头金不换”！大家为了表达对杨遇的称赞，就把这条巷子起名叫“羊千弄”。

长板巷：马夫的聘礼

长板巷是一条长街，在老德胜桥和石灰坝之间。相传，这条街因为马夫的聘礼而得名。

明朝时，这里还叫长坦巷，巷里住着一家姓蒯的富户。蒯家庭院宽敞，仆人众多。蒯老爷乐善好施，美名远播。

蒯老爷膝下无子，只有两个如花似玉的女儿。蒯老爷和蒯夫人非常重视对女儿的教育，两个女儿温良贤淑，琴棋书画样样精通。这一年，大女儿刚满十五岁，就有不少官家和富户想与蒯老爷结亲，他们找人引荐，与蒯家成为朋友，然后又找各种事由到蒯家拜访。蒯家本来仁义好客，从此更是常常宾客满座。此后，又不断有媒婆上门打听消息，或者直接带礼物来提亲。蒯老爷和蒯夫人不便直截了当地拒绝，就委婉推辞说女儿年纪尚小，要等十六岁之后再说。

蒯老爷舍不得把女儿嫁出去，他和夫人商量：“家里本来就人丁不旺，女儿一旦嫁出去后，这么大的院落，就只看得见仆人了。我们不能找太远的亲家啊。”蒯夫人嗔怪道：“老爷糊涂呀，舍不得把女儿嫁出去，我们不能找个上门女婿吗？”蒯老爷一听，连声称赞：“夫人说得对，夫人的主意好！”蒯老爷和蒯夫人跟大女儿商量，大女儿非常羞涩地说：“全凭爹娘做主，女儿也愿意永远守在爹娘身边，照顾爹娘。”蒯家二老相视而笑，原来女儿和父母是同心的。

此后，一旦有媒婆来打听消息，蒯家二老就把自己的想法说出来。这下，媒婆们可就不乐意了，她们说：“都是有钱有势的人家，谁愿意让自家儿子当上门女婿啊。”蒯老爷笑道：“我们也不是一定要找有钱有势的，只要相貌端正，诚实善良，并且年龄相当就行。”蒯夫人接着说：“我们蒯家招上门女婿，肯定会把他当亲生儿子一样对待，哪家的儿子也不会吃亏啊。”那些媒婆听了也不言语，心里都觉得这事弄不成了。

果然，这个消息传出去后，蒯家的宾客少了很多，庭院也变得冷清了。没过多久，又有媒婆来劝蒯家二老：“其他什么条件都可以提，唯独这个上门女婿，没有一户人家愿意啊。”蒯老爷坚决地摇头，蒯夫人也不改变主意，那个媒婆只好失望地走了。

时光飞逝，转眼间蒯家大小姐就满十六岁了。这一年秋天，祸从天降。蒯家雇了几个短工收割稻子，有一个短工忽然倒在田地里，七窍流血，一命呜呼。县衙派人查办，仵作验尸后，说是此人被下过毒。差役们不由分说，立刻带走蒯老爷，还把他投入死牢。蒯家大小姐几次到官府去击鼓鸣冤，每次都得到同样的答复：“老爷正派人追查此事。”蒯夫人到处求人，希望上下打点，让老爷少受刑罚，然而以往的不少朋友都避之唯恐不及。

蒯家的管家此时也干落井下石的勾当。一日，趁夫人和小姐们不在家，管家把蒯家的银子全部席卷而空。他还威胁家丁与仆人，要么跟他一起走，要么滚出蒯家永不回来。

等母女三人回到家中，庭院空空，像被土匪洗劫过一般，蒯夫人悲愤交集，哭得昏死过去，从此一病不起。

蒯大小姐赶紧请来郎中，一边照料母亲，一边还得把此事尽快报给县衙。差役来的时候，刚好后院里传出微弱的声音，原来是家里的马夫。马夫把事情经过告诉差役们：在管家的威胁下，好多家仆都逃走了，剩下的几个不听从管家的，个个被打成重伤，这个年轻的马夫就是其中之一。官差们了解情况后，只说会查明缘由，会抓捕凶手。

从此，蒯家大小姐既要照顾母亲，料理田庄，还要亲自做好饭菜，给牢里的父亲送去。为了让父亲充满希望，蒯家大小姐始终隐瞒了家里的情况。

然而，他们迟迟不见官府的答复。

好在，年轻的马夫痊愈后，主动承担了管家的责任，他原本就是一个勤劳善良的小伙子，见蒯家大小姐十分辛苦，又把送饭的事情给主动揽下了。

一天，马夫又去送饭，却见蒯老爷正在牢房里凄然落泪。马夫赶紧上前劝慰，蒯老爷悲愤地说：“你也不用瞒我了，家里的事情我都知道了。想不到我蒯家竟然落到这步田地啊！”原来，有个新来的犯人曾经得过蒯老爷的资助，就把蒯家一系列变故告诉了蒯老爷，蒯老爷得知管家打劫钱财的事后，又气又急，想起夫人和女儿受的屈辱，不禁老泪纵横。这个新来的犯人也是遭人陷害，他劝蒯老爷赶紧变卖家产，把财物交给官府，说不定就可以自救。蒯老爷坚决不同意，他说：“这样做，就算是能走出大牢，可是能洗清冤屈吗？”马夫也赞同蒯老爷的话，他告诉老爷：“一定要保重身体，留得青山在，不怕没柴烧。”马夫还说，自己无论刮风下雨落刀子都会来送饭，老爷一定会等到真相大白的时候。蒯老爷感慨万千：“蒯家那么多亲朋好友，也没见到几个来此处看望，所幸还有一位马夫能如此忠诚。”马夫朴质地笑了：“老爷待我恩重如山，这点小事根本不算什么。”马夫说到做到，他果然每天坚持送饭，风里来雨里去，毫无怨言。不仅如此，他还细心料理田庄上的事，尽职尽责，蒯家里里外外的家仆都对他心服口服。蒯家大小姐也暗自钦佩，渐渐对他滋生爱慕之心，只是父亲沉冤未雪，蒯家大小姐把儿女情长悄悄地埋在了心里。

又过了一年，原来的县官因为贪污而被革职投入大牢，新来的官员重新审理蒯老爷的案子，发现其中大有隐情。原来，此事都由前任管家一手策划：心狠手辣的管家觊觎蒯家的万贯家财，毒死了短工，又从蒯家账上拿了许多银子来勾结官府，等蒯老爷入狱后，他再抢夺蒯家钱财，然后跑到别的地方买地置田……

真相大白，蒯老爷被无罪释放，管家则被捉拿归案，押入死牢。

蒯老爷一家人终于团聚了。

冬去春来，蒯夫人的病情慢慢好转。蒯夫人叹息道：“银子没了还可以赚，可是女儿的婚事被耽搁了，可怎么办啊？”蒯老爷笑道：“哪里会被耽搁，眼下不是就有个最好的人选吗？”蒯夫人吃了一惊，半晌才说：“老爷说的可是家里的马夫？”“正是啊！”蒯老爷拈须微笑。蒯夫人想了想，回答说：“这样也好。他比那些公子哥儿可要强一百倍啊！”

马夫做梦也没想到蒯老爷会招自己为上门女婿，他对蒯老爷说："我自幼失去双亲，也没有钱财来做聘礼，就只有手艺和力气。我看这蒯府的院落一直没有修缮，请老爷交给我，让我来打理一下，就当是聘礼吧。"

就这样，马夫天天早起晚睡，拿着工具爬上爬下，就靠着自己勤劳的双手，到处敲敲补补，硬是把整个蒯府修葺了一遍。大半年过去后，整个蒯府焕然一新，蒯老爷和夫人十分满意。但马夫还不停歇，他觉得蒯府外的路面坑坑洼洼，跟蒯府的气派不匹配，就又到附近山里开凿石板，慢慢地，他又亲自用一块又一块的青石板，把蒯府门前的道路铺了一遍。此后，无论雨天晴天，巷子里的路都平整光洁，老人小孩都走得非常安稳。

见此情景，周围的乡邻都来巷子里围观，他们啧啧赞叹马夫的手艺好。原本，他们觉得蒯老爷安排的这门亲事一点都不划算，哪有富家小姐下嫁马夫的，太不般配了。现在，大家见到小伙子如此吃苦耐劳，样样本事都拿得出手，不禁暗暗钦佩蒯老爷好眼力，相中了这么好的女婿。

人们为了表达对马夫的敬意，想给巷子改个名字感谢马夫。有人说，这巷子全是长块的青石板铺成的，就叫长板巷吧。从那以后，只要一提到长板巷，大家就知道有这么个勤快的女婿，把整条街道都铺上了长长的青石板。人们说，不一定要用钱财做聘礼，诚心和爱心，手艺和才干，就是最好的聘礼。

岁月悠长，长板巷的故事也流传到今天。

万市镇：烈女功绩古今扬

万市镇位于杭州市区的西北部，明朝的时候，属新登县辖区。这里群山环抱，溪流纵横，环境十分清幽。这个镇得名于一座双孔石桥。双孔石桥曾被多次重建，早已经不是原来的样子，但是最初出资修桥的万氏女子却依然被人们津津乐道。这位兰心蕙质的女子名叫万月娘。她造福一方百姓，让万姓家族为她自豪。她的名字不仅被写进族谱，还被写入当地县志。

明朝嘉靖年间的一个春日，阳光明媚，喜鹊在枝头叽叽喳喳地闹着。新登县的下万村里，万制三一家人也是喜气洋洋，女儿万月娘的婚事终于定下来了。

月娘出落得娇俏动人，纺织刺绣样样精通，最重要的是，她还知书达理，能写会算。村里人都说，谁家要是娶了万制三的女儿做媳妇，那可算是前世修的福气。常有人来家里提亲，万制三夫妇千挑万选，把那些品貌不够或家境不好的男子一个一个地排除后，选中了附近槎源坞口罗寿一的二儿子罗篪。夫妇俩了解这家人，家教好，子女们品行端正。其中二儿子罗篪最出众，长得眉清目秀不说，还刚刚考中秀才，各方面条件都和月娘很般配。

其实，罗篪和月娘也是青梅竹马、两小无猜的玩伴。小时候，村里的孩子一起到河里捞鱼，到山上摘野果，往往都少不了他俩。有一次，月娘不小心踩滑了，差点掉进河里被水冲走，还是罗篪眼疾手快，扑进河里，一把拽住她的衣角，幸得有惊无险，小伙伴们一起把他俩拉上了岸。那以后，月娘再也不敢去河边玩了，别的小伙伴也把玩耍的地方改在山坡上。月娘从小就很感激罗家二哥哥的救命之恩，心里对他滋生了别样的情愫。只是，他俩慢慢长大以后，就和村里别的孩子一样，知道男女有别，不便在一起打闹了。现在，父母之命，媒妁之言，都那么巧妙地把两人的命运拴在一起，两人都暗自高兴。自从提亲之后，月娘每天做针线活都特别有劲，脸上随时都洋溢着笑意。

两家人约定中秋节办喜事。

转眼间盛夏来临，连续几天滂沱大雨之后，天气勉强放晴。罗篪从县城进学回来，路上突遇山洪暴发，可怜一个鲜活的小伙子竟然被洪水冲得无影无踪。几天之后，家里人才从下游找到尸体。罗寿一夫妇白发人送黑发人，哭得肝肠寸断。然而，人死不能复生，天气热，只能尽快入土为安。消息传来，万月娘悲痛欲绝。她连夜赶制了丧服，第二天一早就要去送亡故的未婚夫。然而还没出门，万制三就厉言呵斥道："你一个没过门的闺秀，名不正言不顺地跑到人家家里去，成何体统！"母亲也一边抹泪，一边委婉地劝说："那孩子福薄，可怜命该如此，你就不要去了，以后另外寻个更好的郎君。"月娘心如刀绞，终日以泪洗面，无人能够安慰。几天后，罗家公子下葬了，月娘也下定决心：终身不嫁。

几年后，万制三因病去世，月娘再次遭遇沉重的打击。从此，月娘与母亲相依为命。家境逐渐没落，月娘也没有再嫁，她用纺线织布的手艺来赚取银钱，服侍母亲，还常常资助他人。这一切让罗家非常感动，他们决定从宗祠的产业中提取银子和田产，赠送给月娘。

月娘勤劳而且聪明能干，她收下这些银子后，就购置了足够的棉花，终日待在家中纺线织布。她的手艺好，加上很多人听说过她的痴情，布商们便问寻到她家，来收购布匹。这些布匹一拿到集市上就卖出了好价钱。渐渐地，上门订货的人多了，月娘已经忙不过来。她便把附近会织布的妇女都请到家中，把自己的纺织技巧倾囊相授，手把手教她们织出又好看又耐用的布匹。妇女们都很敬重她，也非常乐意与她一起织布。慢慢地，月娘家的绣楼成了一个村里妇女专用的纺织楼。

几十年光阴就在纺织声中悠悠地远去。月娘未出阁就失去未婚夫，二十岁的光景又失去了父亲。后来的几十年里，她孝顺母亲，为母亲养老送终，还帮助周围邻居通过纺线织布来把生活变得富裕。她从一个美丽的姑娘变成了慈祥的老妪。虽然积累了不菲的财富，但她依旧在织布机前忙碌不辍。她的美德一直被远近的人们称赞。

这一年的夏天，又逢连日倾盆大雨，溪水暴涨，槎源坞口的万寿桥被冲毁，几个过桥的乡邻惨遭横祸。万寿桥是赶集的必经之路，桥一断，槎源坞口和下万村的村民再也无法赶集，此桥对罗氏一族影响最大。月娘听说此事后，毅然拿出自己毕生的积蓄，全部交给罗氏族长，请他出面发起修桥的倡议。族长非常感动地说：“我一生受人尊敬，但面对万氏，我自愧弗如啊！”他按照月娘的建议，挨家挨户地发动村民们修桥。附近的乡贤和村民都因月娘出资修桥而震撼，他们纷纷响应，有钱出钱，有力出力。

一座双拱石桥很快就建好了，比原来的桥更长，更坚固。快完工的时候，人们商议：是否继续沿用原来的桥名。此时，有人提议：不如把万寿桥改作“万氏桥”，让后人记住万氏月娘的功绩。大家听了交口称赞，都说这个名字改得好！

月娘的事迹很快被当地知县知道了，知县把此事上报给州府，州府又上报给朝廷，朝廷立即下令表彰万月娘的深明大义。此后，月娘的事迹便更加广泛地流传开来。

有了这座著名的桥，来往的人更多了，人们来此收购布匹，又把其他地方的物产带到此处。那些装载货物的竹筏，逆溪流而上，到万氏桥卸货，生意人便在此开店，这里逐渐形成集市。因为万氏桥的缘故，人们把这个集市叫作“万氏镇”，因为“氏”和“市”同音，时间一长，人们又把这个市镇叫作“万市镇”。

月娘死于明成化九年（1473），以七十二岁高龄寿终正寝。她的葬礼十分隆重，参加葬礼的人，有黎民百姓，也有达官贵人，有织布的村妇，也有拄着拐杖的老人。送葬的队伍很长，很长，就像她的故事一样……

十间楼村：拾金不昧留美谈

杭州市滨江区的浦沿街道，曾经有一个村子叫十间楼村，顾名思义，曾有人在此修过十间楼房。但他为何事而修十间楼房呢？原来，这是一个关于拾金不昧的故事。

明朝末年，十间楼村这一带有个渡口，常有百姓从这里乘船离开或者上岸归来，求学的、谋生的、走亲访友的……来去的人多了，就有一些小商贩在此歇脚，做小生意，招徕顾客。渡口边住着个傅婆婆，子女都成家了，她闲着无事，就在门口搭张桌子，摆个小摊，以卖粽子度日。她已经五十多岁了，做起事情来依旧手脚麻利，不比年轻人差。来往的客人都说，傅婆婆包的粽子个儿大，味道美，吃了粽子赶路能耐饿，正好合适呢。

这天一早，天气晴朗，傅婆婆已经开门做起了生意。很快，第一批粽子热气腾腾地出锅了，香甜的气息到处弥散开，等船的人个个忍不住回头来看，他们一边吸着香气不停赞叹“好香好香”，一边就从怀里掏出铜板来买粽子。小摊前，不时有人拎着几个粽子离开，他们说，粽子烫，可以留着路上再吃。有个等船的小伙子在河边眺望了一阵，都没看见船的影子呢。他便走到傅婆婆的门口，把行李搁在小桌上，掏出钱袋来，买了几个粽子，打算坐着吃了再走。清晨的河风阵阵吹过，他慢慢解开系粽子的细绳，用筷子拨开粽叶，夹起一块粽子吃，多么甘甜爽口的粽子啊！“好吃，实在好吃！”小伙子称赞道。傅婆婆望了望渡船到来的方向，便笑眯眯地看着他：“别急，慢慢吃，船还没过来。”

粽子好卖，傅婆婆就很忙了，她把包好的粽子放进锅里煮着，又忙着从木桶里拿出漂洗过的粽叶，继续包粽子。她把三张细长的粽叶在手中折叠旋转，粽叶立刻形成一个漏斗形状，她左手持着这“漏斗”，右手拿勺子舀了一勺浸好的糯米，放进去后，再把粽叶余下的部分折叠盖在糯米上，让粽叶围着那“漏斗”旋转，收拢，一个漂亮的粽子就形成了。她扯下一根细绳，把粽子缠了一圈，系好，又接着做下一个。小伙子一边吃粽子，一边瞪大眼睛看着，从小到大，他吃过很多次粽子，却从来不会包粽子呢，原来，粽子是这样做成的。正在发愣呢，渡口处有人在喊：“开船了！”傅婆婆和小伙子连忙抬头去看，果然，船工已经抽走跳板，正要拔起船舵呢。小伙子赶紧慌张地喊道：“等一等！等一等！”他把最后半个粽子塞进嘴里，提起行李就飞快地跑过去。在船离岸的最后一刻，他总算跳上船了！

傅婆婆把手中的粽子包好后，便来收拾碗筷。忽然，她惊讶地发现，小伙子的钱袋还在桌上呢！她忙把钱袋抓起，朝河边喊起来，可是，流水哗哗，船已经走了好远，哪里听得见她的呼喊？傅婆婆十分难过，她望着河边出神，后悔自己忘了提醒客人乘船，耽搁人家不说，这钱袋掉了，人家该多么着急啊！她端详着手中的钱袋，多漂亮的钱袋啊，上面还有几根蓝色的穗子。刚才那个小伙子发现钱袋掉了，肯定会回来取吧？想到这里，她便把钱袋挂在门口的柱子上。

这天，傅婆婆卖了很多粽子。每当有一批客人上岸，她便一一打量着，看那个小伙子是否回来。可是，一直等到天黑，那人也没有再来。傅婆婆不断地自责：真是老糊涂啊，若自己当时不去包粽子，而是帮客人留意那船，人家就不会慌张，也就不会忘记钱袋……想到这里，傅婆婆都快愁死了，也不知道那个年轻人找不到钱袋怎么办，吃什么、住哪里，带这么多钱是不是去救急，唉，这可怎么办啊？

一天一天过去，傅婆婆望着那靠岸的渡船，一次又一次地打量那些上岸的人，客人来了一批又一批，却仍然没有看到那个年轻人。傅婆婆每天清晨第一件事就是就把钱袋挂在柱子上，一天的买卖做完了，最后一件事也是收拾起钱袋。

好多人在渡口处听傅婆婆说起过钱袋的事，但是，茫茫人海，连姓甚名谁都不知道，又从何处帮忙找那个主人呢？他们吃着粽子，一边跟傅婆婆开玩笑：“这么久也没人来找钱，说明是天老爷看您老人家太辛苦了，给您送钱来了。”还有人打趣道：“您啊，就把钱收下得啦！您这个破房子也可以换换了。”每到这时，傅婆婆总是摇摇头说：“那哪行，是人家的就是人家的，怎么能据为己有呢？”她望着那河滩，又接着说道：“我记得那个小伙子的样子，只要他来了，我一定认得出来。”

转眼间，三年过去了。一天，一艘往日没见过的船在渡口靠岸了，紧接着，一群随从簇拥着一位衣着华丽的公子上了岸。他们说说笑笑，一路走过来。傅婆婆看着为首那人，他个头高高的，脸色黝黑，眉眼间是朴实的笑容。是他，还是以前的样子！傅婆婆停下活计，激动地走过去，她伸出颤抖的手，紧紧攥住那人的手：“你呀，你可回来了啊！”随从们愣住了，那人也很吃惊，他笑道："您老人家还记得我呀，三年前我在这里乘船，还吃过您的粽子呢。"

"认得认得。你怎么才回来啊，你钱袋掉了，我一直在等着你回来拿啊！"傅婆婆一边说，一边转过身。她取下柱子上的钱袋，手不停地颤抖着，把钱袋放在那人的手中。

那人张大嘴，瞪着那个钱袋，蓝色的穗子还在呢，只是有些褪色了，那是他从一个针线摊上精心挑选来的。三年前，父亲暴病身亡，临终前告诉他，变卖家产，去投奔舅父吧。他自幼丧母，在这里已经没有别的亲人。安葬了父亲，卖掉了房产，他在那个清晨乘船出发，往杭州去投奔舅父。他告诉傅婆婆，自己到了杭州，才发现钱袋不见了。幸好及时找到舅父，在舅父的资助下，他勤勤恳恳做买卖，已经赚了很多钱，他这次回来是给父母上坟的。

此时，周围已经围了好多人，有人笑着说："原来就是这位公子丢了钱袋啊，瞧这气派，难怪丢了钱也不着急。"接着，又有人告诉他："你可是把傅婆婆急坏了，天天在这里望着渡口，等你回来。"那公子听人们七嘴八舌地议论，笑而不答，只坐着慢慢吃粽子。粽子吃完了，他便笑道："原来婆婆姓傅，这钱袋中的银子，我从来没想到还能找回来，我全部赠送给傅婆婆，大家说可好？"众人愣了愣，然后，不约而同地拍起手来。傅婆婆却慌了神："哎呀，这可使不得，使不得！这是你的，我怎么能要呢？"公子坚决要赠，傅婆婆坚决不收，两人都说了很多客气话，这钱到底归谁，却还是没个定论。众人议论纷纷，也不知道该劝谁收下银子。忽然，有人大声说："你俩别争了，我来出个主意，把这钱拿来修几间房子吧，傅婆婆可以住一间，其他的给来往过河的人避风遮雨，也是个行善积德的美事。”于是，两人不争了，其他人也都说这是个好主意。

几日后，公子上过坟，也找好匠人。他告诉工匠们：“钱袋里的钱全部用作修房造屋，用完为止。”开工之时，方圆十里的村民都来看热闹。他们说，傅婆婆拾金不昧，还等了失主三年，应该有此福报，就在这屋里安享晚年吧；而那位公子，钱财失而复得却不忘造福乡邻，也是难得的好人！这件事鼓舞了很多青壮年，他们都赶来帮忙，还不要工钱。

半年后，这里总共造起了十间楼，渡口变得更加热闹了。傅婆婆依然包着美味的粽子，她还添置了很多板凳，她说要方便来来往往的旅客。此后，无论春夏秋冬，人们都爱来这“十间楼”坐坐，说一说这一老一少的故事。他们的故事越传越远，大家都知道这里有个拾金不昧的老人，还有一个造福乡里的公子……时间久了，小渡口的名气越来越大，人们就把这里命名为“十间楼”。

桃源岭：遍种桃树来报恩

桃源岭位于西湖区，在杭州植物园附近，它的南面是灵隐寺，西北面是玉泉山。此处因山岭起伏状如驼峰而得名“驼苑岭”，但是后来却更名为“桃源岭”，这是为什么呢？

清朝咸丰年间，杭州遭遇罕见的旱灾，连续数月无雨，禾苗枯死，庄稼颗粒无收。家有余粮的乡民还能勉强支撑，贫苦人家却非常发愁，吃了上顿没下顿，这日子可怎么过啊！驼苑岭下，住着一户姓张的农户，老老小小共有六口人，往年辛勤耕耘还能糊口，到了这灾荒年里，人多就格外艰难，一家老小全靠吃野菜度日。然而连续多日吃那照得见人影的野菜汤，一家人已经眉头紧皱，唉声叹气。看到年迈的双亲瘦得青筋暴起，年幼的孩子面黄肌瘦，张氏夫妇十分难过。往年进山偶尔还能掏到几个鸟蛋给家人解馋，这一次竟然连蘑菇也没找到一朵。前日里，丈夫去砍柴，饿得头晕眼花，倒在山岩上，幸好他及时地拽住旁边大树的根，才没掉下悬崖。想到这里，丈夫又叹了口气。妻子似乎看出了他的心思，轻声安慰道：“明天我早点去山里，看还能不能捡一点野果子回来。”远远地，有鞭炮声传来，丈夫凝神细听，他仿佛看到有人在贴春联，那或许是有钱人家，或许是往年的自己……

快过年了，家里没有一粒米，这年关啊，可怎么过？“爹爹，我饿，我饿。”他正在出神，年幼的儿子拉住了他的衣襟。孩子眼眶含泪，一声一声地唤得他心酸无比。孩子手中的一碗野菜汤已经喝得不剩半点，可他仍然很饿，怎么办，怎么办？大女儿懂事，赶紧去牵弟弟的手，说：“我们出去玩吧，一会儿就忘记肚子饿了。”

丈夫长叹一声：“都说天无绝人之路，天老爷啊，你睁开眼看看吧！”忽然，他似乎想起了什么，便立刻心一横，把碗一推，索性站起身，拿了柴刀快速走出门去。妻子慌忙问道：“你上哪儿去？”“砍柴！”他气呼呼地说，头也没回。

“砍柴有什么用？我要去打劫！”他想。可是，打劫？自己怎么会走到这一步！他被这个突然冒出来的念头弄得心惊肉跳。他看看手中的柴刀，前日上山前才磨过，亮晃晃的，可吓得到路人？他是一个安分守己的良民，从未拿过别人的一针一线，更别说去做那违法乱纪的事。然而，此时，还有什么别的办法能让一家人度过年关？“就这一次，只有这一次！”他暗暗地想。来到驼苑岭上，他靠着一棵大树，瞪大眼睛，努力做出凶神恶煞的样子来。他在等，等待一个可以被抢的人出现。

好半天，终于走过来一个老妪。她背着一背篼野菜，野菜不多，她却走得十分吃力。张姓的男子赶紧过去帮她背，等翻过了山岭，他才把背篼交给老妪。“好心的年轻人，必有好报啊！”那老妪临走前有气无力地对他说道，算是感谢的话了。张姓男子心里很不是滋味，这旱灾害人啊，受穷受饿的不只是我一家人，还有那么多人……想到这里，他有点犹豫，但一想到孩子那黯然无神的双眼，他又咬咬牙，继续等着。

远远地，他看见一个老者慢慢走来，似乎也背着什么东西。老者穿着不俗，应该是有钱的人吧？张姓男子正在发呆，却见那老者把挂在右肩的东西拉下来，换到左肩上。这下他看清了，那是一个钱褡子呀！那里装有多少铜板？他仿佛看到自己拿着铜板买来大米，孩子正笑吟吟地喝粥，父母端着碗心满意足的样子……想到这里，他赶紧挥了挥柴刀，大喝一声：“站住！留下 枚铜板让我过个年关！”那老者一愣，却并不害怕，他停下脚步，定睛打量着张姓男子，然后，他只微微一笑，解开钱褡子，取出一串铜钱递给男子。张姓男子吃了一惊，看着手中的这一串铜钱，他几乎不敢相信自己的眼睛，这大概有二十多枚铜钱吧？他结结巴巴地说：“我只要……只要一枚铜钱，可以买米，养活……养活家人就够了。”说着，声音竟哽咽起来。那老者笑道：“先收下吧，余下铜钱是我借给你的，你

桃源岭

可以用来做个小本生意。”老者说完，继续往前走路，仿佛什么也没有发生。路旁呼呼风声过去，树叶簌簌落下，老者的身影渐行渐远。张姓男子呆呆地看着这串铜板，忽然想起什么，他赶紧追上去，一边喊道：“请问老先生尊姓大名，家住何方，日后我要来还钱！”那老者头也不回地答应了一句：“在下姓陶。”张姓男子跟着又追，却并没有追上，他便就地跪下，朝着老者远去的方向叩首道：“恩公请受小人一拜！”那老者头也不回，已经走得更远了。

张姓男子回家，把铜板一枚一枚地数给妻子，足足有二十八枚。

此后，一家人度过了荒年，还做起了买卖。张姓男子从邻县买来粮食，卖给村里的穷人，起初只赚小钱甚至只收本钱，后来人缘好了，远近都知道他卖的粮食没有杂物，斤两足够，就都来他这里买。他的生意就越做越大，慢慢地，一家人都过上了好日子。

张姓夫妇都是知恩图报的人，他们一边做生意，一边打听恩人陶公的消息，说一定要把钱还给恩公。然而，几年里，张氏老小到处问询陶公的消息，却一无所获。人们都说没见过这样一位老人，甚至还说，附近根本没有姓陶的人家。

几十年过去，张姓男子已到暮年，他就把生意交给儿子经营。他仍然没有找到恩人陶公。他常常在驼苑岭上走来走去，遇见贫寒的人士，便把身上带的铜板赠送给他。后来，他说，这驼苑岭实在太荒芜了，就想买点树苗栽在那里。他跟妻子商量。妻子说：“就栽桃树吧，纪念我们的恩人陶公，也算是了却一桩心愿。”夫妻俩买来很多桃树苗，每天一早就去驼苑岭栽树，干到天黑才回家。山岭上阳光雨露充足，这些桃树苗长得很快，第二年就有一些树苗开出了稀疏的桃花。此后，桃树长势越来越好。一到春天，这里漫山遍野都是灼灼盛开的桃花，蜂蝶飞舞，热闹非凡，吸引了无数城里人来踏青、赏花。人们听说了这个报恩不成就栽桃树的事情，都十分感动，很快，他们就把陶公的故事传出去了。大家说，这里是纪念陶公的，而且还美若仙境，就像陶渊明笔下的桃花源一样，不如就叫作“桃源岭”吧。

自此，驼苑岭就被人们唤作“桃源岭”。

第四辑

帝王传说：东南都会帝王州

越王城山：越王东山再起的转折地

越王城山在杭州市萧山区，位于湘湖的西北岸。这里有保存最完好的古城墙遗址，有“周朝胜迹，越代名山”的美名，这里承载着春秋战国时期越军在此屯兵抗拒吴军的厚重历史，这里也是越王勾践东山再起之地。

春秋时期，周王室日益衰微，各诸侯国之间战争频繁。小国被吞并，大国迅速崛起，诸侯相继称霸。吴国想要在中原争霸，必须战胜越国，才能解除南方的威胁；而越国若是要逐鹿中原，必须先征服吴国，才有通向中原的道路。吴越之战因此而延续了几十年。

夫差的父亲、吴王阖闾因吴越之战而丧命。夫差继位后，立誓要为父报仇，于是重用伍子胥，励精图治，日夜练兵，准备攻打越国。此举在越国引起不小的波澜，越王勾践也在暗暗积蓄力量。周敬王二十六年（前494），越王勾践想趁吴国还没有出兵的时候先发制人，不听范蠡的意见，就贸然率兵攻打吴国。双方经过激战，吴军越战越勇，直攻越国国都会稽城，并乘胜追击，把越王勾践以及五千余残兵逼到会稽山一带。范蠡建议勾践以退为进，并派文种向吴国投降求和。然而，吴军统帅伍子胥拒绝了文种的请求。吴军继续追杀越军，勾践只好带兵逃亡，一直退到古钱塘江口的一座山上，即今天的越王城山。这里，山势格外险峻，当时还被海水环绕。范蠡给勾践分析形势，说这里外陡内缓，正是易守难攻的地方，以此劝越王振作。

吴军的船队追到山下，却发现无法攻打上去。越国士兵们在范蠡的指挥下，把山上的石头推下来，巨石砸落，吴国士兵们躲避不及，有的被砸死，有的为了躲避石头却跌入水中淹死，吴军的许多船只也被砸烂。一次又一次的激战，吴军攻不上，越军也只能拼死防守。伍子胥派人在山下叫骂，想用激将法迫使勾践出来迎战。然而，山上安安静静，只有回声。伍子胥万万没想到，自己的几万大军竟然拿几千名残余的越军没奈何，而这个小小的山上还有那么多石头！

事实上，越军已经不足以与吴军抗衡。勾践策马在山上萧然四顾，只感到忧心忡忡，无计可施。他后悔自己当初没有听范蠡的劝告，以至于到了一败涂地的地步，他担心自己和越国的命运都会终结在这座荒山之中。

勾践的担心不无道理，伍子胥发现攻山不易后，就在查浦（今滨江区浦沿）驻兵，布下天罗地网。他派重兵把守住各个出口，让越军没法下山，让越国百姓也没机会给越军送水送粮。伍子胥深知越军已经元气大伤，只要把他们围困住，勾践插翅难逃。

在这生死存亡的关头，范蠡却积极地安排一部分士兵夯土筑城，命令另一部分士兵紧锣密鼓地操练着。此时，山里缺粮却是最大的问题。范蠡便到处探寻，足迹遍布山里的每一个角落。终于，他有了重大的发现：

越王城山远眺

一是泉眼，一是水池。

泉眼在石头中间，形状如同佛像的眼睛，它“围不逾杯，深不盈尺”。见了这泉眼，范蠡命令随从的士兵们赶紧掬水畅饮。他们眼看着泉眼的水就要喝干了，正在担心之际，神奇的泉眼很快又浸满了水。士兵们十分惊奇，他们再饮，泉眼再满，这样屡试不爽。众人无比激动，范蠡笑道：“这是神仙开眼，送甘泉来了啊！”他称泉眼为“眼泉”。后世把这个“眼泉”称作“佛眼泉”。

而那山里的水池则更是奇特。范蠡的白马一见那水池，便奔跑过去，一边游水，一边大口喝水，一番折腾后，那水里竟然有无数鱼儿翻跳出来。不仅如此，那水池边上还密布着又肥又大的螺蛳。范蠡和随从的士兵们见此情景，不禁喜出望外：这下不愁没吃的了！范蠡开怀大笑道：“真是天佑越国啊，不但有喝的，有吃的，这下连洗马的地方都不缺了！”范蠡和随从的兵士们振奋不已，将这个水池命名为“洗马池”。他们轻轻松松地打捞起不少鱼虾，又取走很多螺蛳，一起带回军营。将士们饱餐一顿之后，不再为吃饭喝水担忧，士气大振。

发现眼泉和洗马池之后，勾践喜不自禁，仿佛看到逃生的希望。他与范蠡、文种商量，不能坐以待毙，必须要使用计策尽早摆脱困境。他们仔细察看，发现有一处悬崖，可以容一个人吊上藤蔓逃出去，因伍子胥不熟悉地形，还不曾发现这里。勾践决定派文种偷偷下山，向吴国的太宰伯嚭奉送珍宝，希望伯嚭劝说吴王接受勾践求和，还说勾践甘愿俯首称臣，终身给吴王当奴仆。伯嚭是个贪财的小人，他收下珍宝，就给夫差进谏，说了很多关于勾践的好话。夫差原本就认为勾践兵败之后已经不足为虑，根本不值得再为之浪费时间。他急于派兵北上，进军中原。伯嚭巧舌如簧，一番说辞让夫差心花怒放，夫差觉得能让越国成为吴国的附庸，勾践夫妇还要来吴国当奴仆，这个归降的条件很不错，于是命令伍子胥退兵。

伍子胥并不知道伯嚭所做的事情，也不能理解吴王夫差退兵的意图。他怎么肯错失良机呢，他认为越军在山上已经支撑不了几天了，此时如果退兵，就是前功尽弃。但夫差的命令他不能不听，于是，他一面答应退兵，一面却又派人给夫差送了两条咸鱼，以挖苦夫差如咸鱼一样，不能有翻身之日。伍子胥想最后瓦解越军的军心。

勾践和范蠡见使者送来咸鱼，立刻明白伍子胥的意图。范蠡笑道："我们把洗马池的鲜鱼也送他两条。"原来，那洗马池虽然不大，鲜活的鱼却是取之不尽一般。山上的越军就靠这个水池的鱼和池边的螺蛳，已经度过最困难的时期了。

伍子胥一见使者送来鲜鱼，心里顿时凉了半截：这看似光秃秃的山上还有鱼！那应该还有广阔的湖泊？那还能把他们困在山里吗？伍子胥悻悻地说不出话来，索性遵从吴王的号令，立刻鸣金收兵。

等吴王的另一个命令下达，伍子胥便明白了国内发生的事，他不禁仰天长叹："大王莫上当啊，勾践怎会甘心为奴！"

几日后，勾践带着夫人、范蠡以及三百名随从离开越国，要到吴国为奴。百姓沿途送行，勾践与他们挥泪告别。走出很远了，勾践还在回头眺望，心中庆幸不已，穷途末路之时，幸好有此山续命。越王也在暗下决心，一定要等待机会争取东山再起，重整越国威名。

城山怀古坊

勾践到吴国后，夫差把他们安排在阖闾的坟前，让他们每天对着阖闾的坟墓叩头。除此之外，勾践还要给夫差喂马，打扫马厩，吃的穿的和一般奴仆没有什么差别。勾践内心的苦闷无以言表，在城山上谋划的计策还有用吗？会不会永远待在吴国为奴？好在还有范蠡，不时地跟勾践讲起上古先贤们战胜困难的故事。范蠡提醒勾践内心要坚忍，表面却要尽最大可能地恭敬，以麻痹吴王。范蠡一边暗暗地派人收集越国的珍宝，继续偷偷往伯嚭那里送去，让他在吴王面前说勾践的好话，让吴王相信勾践是真心要归顺。

就这样，一晃过了三年。

一天，吴王看到勾践在打扫马厩，只见他弓着腰，挽着裤腿，只累得满头是汗，脸上全是卑微的神情，已经与吴国的奴仆没有什么两样了，哪里还有丝毫的君王气度？吴王不禁动了恻隐之心。没过几日，他就让勾践回越国去了。他觉得勾践不可能有什么作为了，但为了以防万一，他还是派了不少官差守在越国，监视勾践。

勾践回国后，就派范蠡悄悄地在当初的山上继续修建城堡，他们暗暗称此地为“城山”。此处地势隐蔽而险峻，即使操练的时候士兵们齐声呐喊，也不会被吴王派来的官差察觉。勾践又派文种继续贿赂伯嚭。他们还向吴王进献美女西施，让西施在吴王面前说伍子胥的坏话。

勾践担心自己被安逸的生活消磨了志气，便亲自把卧具上的席子撤去，并铺上柴草，每天就睡在柴草上。他还在屋里挂了苦胆，每天醒来就要先尝尝苦胆的滋味，以提醒自己：不能忘记在吴国的屈辱和苦难啊！他穿着粗布衣服，吃的是粗茶淡饭，每天和百姓一样，在田间辛勤耕作。吴国的官差们发现，勾践已经和一般百姓没有什么两样，他们把这些消息汇报给吴王，慢慢地，吴王就对勾践失去了最后的警惕心。

勾践在地里耕田播种，有时候还和百姓同吃同住，百姓们深受感动。他们支持勾践，把青壮年男子都送到“城山”，让他们勤于操练，为国效力。年老的男子则和勾践一样致力于田间耕种，让粮食收成更好。他们还去别国买来粮食，囤积在粮仓里，为打仗做了充分的准备。

勾践还暗暗采取了很多对越国发展有利的政策，使越国逐渐走上国家富裕、百姓和乐以及兵强马壮的道路，而吴王夫差却沉溺于酒色，每日与西施流连于湖光山色中，已经很少过问政事。伍子胥多次劝谏，吴王也不相信他的话，吴王更信任西施和伯嚭。终于，在越国一系列离间计下，吴王杀害了伍子胥。

公元前 478 年，勾践见时机已经成熟，就决定攻打吴国。他吸取以往失败的教训，一切准备充分之后才出兵，打得吴军大败。公元前 476 年，越王再次发动战争，给了吴国致命的打击。公元前 473 年，越军攻入吴都，让吴国陷入走投无路的境地，吴王夫差被迫自杀。临死前，他无限悲哀地叹息道："那一年在越国的山下，吴国原本可以灭了越国，却错失了良机！我后悔没有听伍子胥的建议，以至于我吴国走到今天灭亡的地步！"

此后，越王勾践励精图治，成了春秋时期最后一位霸主。因为"卧薪尝胆"的故事，勾践也成为中华传统文化中不屈不挠、敢于抗争的励志形象。很多人认为，如果没有城山，勾践和越国或许早就在吴军的铁蹄下灰飞烟灭了，正是这座城山，给了勾践、也给了越国一个东山再起的机缘。后人为了纪念这段波澜壮阔的历史，把越军被困其中而后又在那里发奋图强的城山称作"越王城山"。至今，山上还有"佛眼泉""洗马池"等与吴越之战相关的景观。

王洲雄瓜地：为长者尽孝，为子孙种德

“风烟俱净，天山共色，从流飘荡，任意东西。自富阳至桐庐，一百许里，奇山异水，天下独绝……”每当读到这篇《与朱元思书》，人们总会对富春江上的美景心向往之。富春江上，最美的风景莫过于富阳到桐庐一段，一江春水如画，两岸青山溢翠。过往客人一来到这里，便会沉醉其中，乐不思归。

除了风景宜人，这里还有很多美丽的传说，孙钟的故事就是其中之一，而“王洲雄瓜地”这个有一千多年历史的地名，就源于孙钟种瓜的故事。

“王洲雄瓜地”位于富阳区场口镇瓜桥埠村，在富春江以南，瓜桥江以北，是富春江中的流沙冲积而成的小洲，以前叫洋涨沙。后来，因孙钟在此种瓜，人们又称之为“孙洲”。

孙钟是春秋战国时期军事家孙武的后代。到东汉末年，孙钟一脉已经家业败落，便以种瓜为业。他很勤劳，每天一早就在富春江畔的瓜地里忙开了。他种的甜瓜，果肉厚，汁水多，在当地很有名气。每年夏天，周围郡县有不少人来这里买瓜，一些富豪人家甚至会派家仆驾着船来，满载一船甜瓜回去，供一家老小慢慢享用。孙钟种的甜瓜有名，不只是因为瓜好瓜甜，还因为孙钟大方，遇到贫苦人家或者年老多病的人来买瓜，孙钟不仅不收钱，还常常宽慰他们道："今年丰收了，这是给大家免费品尝的。"大家都说孙钟仁义，都喜欢买他的瓜。

孙钟在地里浇水、施肥、捉虫……有时候，弯腰太久，他会站起身来看看整个瓜地。瓜苗长势很好，微风拂过，一片片瓜叶翻卷出碧绿的波涛，孙钟感到十分满意。一家三代，还靠这十几亩瓜地维持生计，可不能有什么闪失呀！孙钟的父亲去世多年，母亲长期卧病在床。妻子一边照顾婆婆，一边在后院里养了很多家禽，每天也忙得不可开交。孙钟还有三个儿子。和一般平民家庭有所不同，别的父母只希望儿女不冻着不饿着就足够了，孙钟却始终认为，作为孙武的后代，孙家应该有大家族的风范，儿子们必须文武兼修。这样一来，孙家的院落里要么因为儿子们在默默读书，到处静悄悄一片；要么就是儿子们在练功，刀光剑影，附近都听得到兵器撞击的声音。

孙钟是个孝子，每天出门前要侍奉母亲吃饭，回家后要先问候母亲，跟母亲聊天。夜里，他还要亲自侍奉母亲洗脚，看到母亲安然入睡，他自己才会去休息。一到摘瓜的时节，他总会挑选一个最大的甜瓜，带回家请母亲最先品尝。种地的时候，只要稍有空闲，孙钟还要去附近阳平山上亲自为母亲采草药。乡邻们很敬重孙钟，不只是因为他孝敬老人，勤劳耕种，更重要的是，他心地善良，慷慨大方，常常热心主动地帮人解决困难。

有一年，地里的庄稼收成不好，孙钟的甜瓜却喜得丰收。看着孙钟地里的甜瓜被来往的船只陆陆续续地运走，乡邻们十分羡慕地说：“孙钟啊，明年，我们也跟你种甜瓜吧，你可要把技术传授给我们哟。”孙钟乐呵呵地说：“没问题啊！”他一边回答，一边还去地里挑选又大又圆的瓜，请他们一起品尝。有人疑惑地嘀咕道：“孙钟这么爽快地答应了，难道不怕别人学了技术后，抢走他的生意吗？”很快，旁边就有人答道：“快别这么说，孙钟可不是那种自私的人。”

第二年春天，村里人担心粮食收成不好，决定开辟一些土地来种甜瓜。他们来找孙钟，请他把自己育的瓜苗分给大家。孙钟早就料到他们会有这个想法，所以，育苗的时候，也做了充分的准备，于是大家都分到了瓜苗。

慢慢地，瓜苗长高了，牵出了藤蔓，不久又开出了一片淡黄色的小花。人们非常高兴，他们忙着浇水、施肥，期待着迎接丰收。这天，孙钟来到乡亲们的地里，耐心地告诉大家：甜瓜藤蔓分叉后，必须要掐断分枝，只留主藤；等甜瓜结果的时候，还要把藤蔓的末梢掐断，才能利于甜瓜吸收养分……人们这才得知，原来种瓜的学问那么多，难怪孙钟天天都在地里忙。

为了让大家都学会种植甜瓜的技术，孙钟每天挨家挨户地去讲述方法，还要手把手地教大家怎么掐断分枝，保留主藤。天气慢慢热起来了，孙钟从这家人的地里走出来，又忙着赶往另一家，常常累得气喘吁吁，每天都要忙到天黑。等其他人家的瓜藤上，分枝都被掐掉了，孙钟终于可以到自家地里忙活了。可是，一到地里，他就傻眼了。原来，连续几天没有照看自家瓜地，瓜苗都枯萎了。孙钟赶紧忙着浇水，连续忙了几天，总算把地里的瓜藤救活了。然而，孙钟发现，自己地里的瓜苗经过这一折腾，始终不如往年长得好。还没等他想出应对的办法，又有别的邻居来向他求教了，有的问大片叶子发黄怎么办，有的问虫子吃瓜叶怎么办……于是，他又开始了新的一轮“技术指导”。终于，人们看到自家地里长出一个个翡翠疙瘩般的小瓜了，都十分惊喜，也对孙钟感激不尽。

孙钟到处察看，他发现，整个富春江畔的瓜地里，就只有自家的瓜苗长势最差。一切都因为自己忙于别人家的瓜地，而疏于自家田地的管理。可他已经顾不上那么多了，他希望通过的努力，能把自己种瓜的技术传给大家，让大家都能种出又大又甜的瓜，都卖上好价钱，大家都可以不愁吃穿，那多好啊！

渐渐地，甜瓜成熟的季节越来越近，乡邻们对甜瓜的期盼也越来越殷切。人们都知道，孙钟的瓜地面积最大，料想今年他的甜瓜又会丰收。可是，人们惊讶地发现，孙钟的地里竟然看不到瓜，这是怎么回事呢？大家去问孙钟：“你种的瓜怎么不结果实呢？”孙钟苦笑道：“瓜苗枯过几次，又没来得及掐掉分枝，主藤的营养不够。整块地里，只有一个甜瓜……”人们面面相觑。大家简直不敢相信，只有一个甜瓜？那么大一块地就这么浪费掉吗，孙钟的汗水都白流了吗？想到这里，大家都很内疚，都是因为帮大伙儿，孙钟才没有顾得上自家的地啊！孙钟见大家很沮丧，赶紧安慰道：“大家别难过。我这地里的那个甜瓜很大，可能比你们种的瓜都大……我还从来没见过这么大的瓜呢。”大家很好奇，赶忙去看，可不是呀，这个甜瓜怎么这么大啊？它躺在那里，圆滚滚的，足足有一个车轱辘那么大呢。这可真是个奇怪的大瓜！大家本来很过意不去，见了这个瓜，又忍不住乐了，他们打趣道：“孙钟啊，你这个瓜这么大，是个瓜中之雄啊，要大价钱才卖哟！”孙钟憨厚地笑道：“我种了半辈子瓜，都没见过这么大的呢，可能真是个雄瓜！”

人们围着那个瓜看了半天，有人猜要卖多少钱，有人猜会是哪个财主来买走它，众说纷纭，笑声不断。大家感到有趣，又略微有点伤感，毕竟，就算是个“雄瓜”，就算卖个高价，但终归也抵不过一块地的甜瓜价钱啊。人们都说，孙钟实在是太仁义了，为了大伙儿种出好瓜，自家的地也不管了。议论了一会儿，又说了很多感激的话，大家才纷纷散了。

孙钟在雄瓜旁边搭了瓜棚，怕夜里野兽来践踏，也怕白天里有鸟雀啄食，他要好好照看这个唯一的大瓜。它能卖个好价钱吗？很难说啊，别说好价钱，就按照一般价钱卖，别人也不一定愿意买，太大了，一家人如果吃不完，就会放坏了。孙钟一边盯着那个雄瓜，一边想着：要不，就把这个瓜带回家去，和老母亲，和邻居一起分享就可以了……他正想得出神，忽然一个声音传来：“有水喝吗？唉，我们快要渴死了！”孙钟抬眼看，原来是三个年轻人，他们看上去都像是读书人，文质彬彬的，却满面风尘，像是赶了很远的路。他们每个人的脸都被晒得通红，豆大的汗水不断往下落，嘴唇都干裂得起了一层痂……可怜的孩子！孙钟想起自己的三个儿子，就和他们一般年纪，在这个烈日底下赶路，他们的父母得多心疼啊！他赶紧招呼他们坐下，又忙着去给他们倒水。可是，转身一看，壶里空的，哪有水啊？孙钟这才想起，今天琢磨着那雄瓜的去处，早把挑水烧水的事给忘了……看着三个年轻人坐在椅子上喘气，孙钟十分惭愧，这可如何是好！其中一位年轻人虚弱地说：“老伯，您这不是瓜地吗，给我们摘个瓜解解渴吧，等来日，我们一定报答您！”孙钟拍着自己脑门：“怎么给忘了！”这三个年轻人再不吃点瓜降暑，怕是要中暑了，要有性命之忧！救人要紧！他没有丝毫的犹豫，就赶紧去摘那个大雄瓜。这雄瓜实在太沉了，根本抱不动啊。他只好慢慢推着它，往瓜棚挪去。

孙钟拿出刀对着雄瓜劈下去，只听得一声脆响，大瓜裂开，雪白的瓜肉，晶莹的汁水流淌，那淡黄的瓜瓤十分诱人，真是熟透了的好瓜！孙钟把甜瓜切成块，给母亲留了一块，然后全部分给他们：“甜瓜解暑，快吃点吧。”三个年轻人也不客气，捧起一块块瓜就啃起来，一阵狼吞虎咽，那么大个瓜，他们一会儿就吃了一半，地上就留下了一大堆瓜皮和瓜籽。真是好胃口！他们很快就恢复了精气神，都看着孙钟笑。

这时候，有人在瓜地外大声喊：“孙钟，快出来，生意来了！”孙钟赶忙走出瓜棚。原来是几个瓜农簇拥着一个财主模样的人正往这边走来。那些瓜农七嘴八舌地告诉孙钟，这位财主爷想买雄瓜，打算娶儿媳妇的当天给客人们吃，要讨个好彩头。孙钟笑道：“来晚了一步，雄瓜已经被吃掉一半了。”他把一块块甜瓜递给他们，请他们一起品尝。

瓜农们面面相觑，一下全明白了。他们说，孙钟只为他人着想，从不考虑自己。他们迫不及待地告诉财主和三个年轻人，孙钟的瓜地为什么只结了一个大瓜，大家都称它为“雄瓜”，都盼着孙钟能用雄瓜卖个好价钱呢。那三个年轻人这才知道，孙钟把唯一的大瓜给他们吃了，又是吃惊，又是感动。其中一个年轻人动情地说：“老伯，您就种出这么一个大瓜，却毫不吝惜地给我们吃了，您真是扶危济困的好人啊！”财主不禁握住孙钟的手，感慨道：“您真是仁义过天啊！您这不光是种瓜，还是在种德，您的好心一定会有好报！”

这一年，瓜农们给孙钟家送来了很多瓜，他们说，这是感谢孙钟的，一定要收下。

过了几年，孙钟的儿子孙坚见义勇为，赤手空拳打退一拨行凶的强盗，受到郡县的嘉奖。富春江沿岸的人都知道孙坚，称他为英雄，官府还提拔他出任当地的郡尉。孙坚的事迹让孙氏的弟兄子侄都感到振奋，他们积极地在家里习武操练，个个英武逼人，他们专做除暴安良的好事。到了孙钟的孙子孙策、孙权这一辈，孙家已是俊才辈出。他们在东汉末年群雄割据的局势中，打下江东一片天地，奠定了孙吴大业的基础。

黄龙元年（229），孙权正式称帝。他设置农官，实行屯田，又设置郡县，安抚南方少数民族，极大地促进了江南经济的发展。人们都说，孙权能称雄东吴，和他祖父当年种出雄瓜是分不开的，他们认为那个雄瓜就是个吉祥的预兆。而那个曾经名为“孙洲”的江中小岛，也因孙家出了君王而被称作“王洲”，由于长出过大雄瓜，人们便把这里叫作“王洲雄瓜地”。

尽管孙钟种瓜和孙权称帝根本没有联系，这些传言不过是出于老百姓的美好愿望罢了，然而，由此可见，人们对于扶危济困、助人为乐的美德十分推崇，以至于这个流传了一千多年的传说经久不衰。俗话说：“种瓜得瓜，种豆得豆。”那么种下善因，就会结出善果。孙钟为长者尽孝，为子孙种德，被后世景仰，这也是“王洲雄瓜地”被人们念念不忘的原因吧。

直箭道巷：钱王筑塘利千秋

“陌上花开，可缓缓归矣”，很多人从这深情的语句开始了解钱镠，并对这个情真意切的吴越王给予极高的赞誉。吴越王钱镠不仅是一个真性情男子，更是一个勤政爱民、有远见卓识的真英雄。至今，杭州还保留有很多纪念钱镠的景点，如钱王祠、钱王陵、婆留井等，除此之外，杭州城还有一条路因钱镠修筑捍海石塘而得名，这就是“直箭道巷”。直箭道巷位于杭州市上城区，南达六部桥直街，北抵上仓桥路。

钱镠（852—932），字巨美，传说因出生时相貌极丑而险些被父母抛弃，祖母怜爱他，劝说父母留下他，所以钱镠小名又叫“婆留”。唐朝末年，钱镠保护乡里，抵御叛乱的军队，因战功显赫而被朝廷多次提拔，先后被唐朝、后梁、后唐等中原王朝封为越王、吴王、吴越王、吴越国王等，他所管辖之地是以杭州为首的浙东浙西十三州。

五代十国是我国历史上军阀割据极度混乱的时期，然而钱镠做到了保境安民，并始终尊中原王朝为正统，吴越国境内百姓因此得以免遭战乱之苦。钱镠的功绩很多，特别突出的是，他曾组织二十万民工修筑钱塘江的捍海石塘，用以抵御海潮，保护杭州城，让吴越国从此田塘众多，土地肥沃，百姓得以安居乐业，还形成“钱塘富庶，盛于东南”的局面。

杭州位于钱塘江北岸，入海处的杭州湾呈喇叭形状，口大肚小，每年八月，受月球引力的作用，大量的海水涌进狭窄的河道，掀起滔天的巨浪，杭州百姓年年受到钱塘江潮水的侵害。潮头一来不止冲走房屋、破坏农田，还会威胁百姓的生命安全。尽管钱镠每年都会组织百姓加固海塘，但海潮汹涌，往往是这边海塘刚修好，那边海塘又被潮水冲毁。看到良田和庄稼被破坏，百姓流离失所，钱镠非常痛心。钱镠向众人询问良策，那些谋士和将帅都低头不语。战场上他们尚能应付，可这滔天巨浪，谁能抵挡啊？钱镠很苦恼，他痛下决心，一定要找到加固海塘的办法。

有一天，钱镠换上平民服饰，出门散心。来到集市上，到处车水马龙，吃的穿的应有尽有，小贩们的吆喝声此起彼伏，好一派繁华景象。钱镠想：要是没有海潮的侵袭，老百姓过着多么美好的生活啊！走着走着，钱镠看到一个老农正把牛车上的树苗一棵棵搬运到路旁贩卖，他饶有兴致地看着那些树苗，不由得想：要是钱塘江边长着一排大树就好了，树根就会牢牢抓住泥土……可是，海潮汹涌，大树也会被冲走，何况这小树？想到这里，钱镠不由得摇摇头。忽然，噗的一声，一棵树苗从老农手中滑出，掉落在地上。让人惊奇的是，树苗并没有倒下，而是稳稳地直立着，根上的泥土一点也没有分散。钱镠很吃惊，他走上前去，提起那棵树苗仔细看，原来树苗根部的泥土被细竹篾编成的笼子固定住了。他不由得赞叹道：“这个笼子编得好，不然泥土跌散了，树也栽不活了哦。”老农自豪地笑着说：“我编的这个笼子，别说跌不散，就是放到溪水里，水也冲不散。”水冲不散？

钱镠一愣，忽然眼前一亮，他大喜道：“好主意！来人，把这些树苗全都给我买回去，我要好好琢磨琢磨！”那些远远跟着的侍卫一听此话，赶紧一拥而上，有人在付钱，有人在搬树苗。钱镠喜滋滋地走了，那个老农还呆呆地立在集市里，如同梦游一般。

回到王府里，钱镠便把这些树苗挨个地拿起来看，一会儿凝神思考，一会儿又提起笔在纸上写写画画，完全忘记了周围的一切。侍卫们见此情景，也不敢叫他。他们哪里知道，一个缜密的计划正在钱王的脑海里形成，它利国利民，功劳泽被千秋万代。

此后，钱镠又亲自去钱塘江边察看形势。他发现，钱塘江潮常常在一段时间里南北摆动，有时候掀起巨浪，有时候又安安静静向萧山方向流去。钱镠想：海潮有一个摆动的规律，应该好好利用啊。他觉得修筑海塘的时机已经快成熟了，他的计划变得更加具体。回到王府，钱镠便下令精选一万名弓箭手，还告诉大家：“八月十八日，所有弓箭手跟我一起去射潮神！”这个消息传出去后，士兵和百姓们都非常诧异，八月十八日是民间传说中“潮神”的生日，相传，潮神很厉害，可是谁也没见过呀，怎么射得到呢？人们议论说，钱王素来功勋卓越，智慧高人一筹，下达这个命令肯定自有其道理。他们十分期待农历八月十八日早一点来临。

很快到了这一天，百姓们早早地来到岸边的高地上，他们很兴奋，想看看钱王怎么带着士兵射海潮。士兵们也严阵以待，只听钱王一声号令了。

钱王在江边走着，仔细观察着海潮起伏的波涛。瞅准时机到了，他便来到阵前，立刻拉开弓弦，大吼道：“放箭！”一霎时，万箭齐发，直射潮头。围观的百姓一边拍手，一边跟着齐声呐喊："放箭！放箭！"一阵铺天盖地的箭雨之后，那海潮果然落下，还服服帖帖地向南而去了……百姓们欢呼雀跃，认为钱镠降伏了潮神，便高声齐呼，称他为"海龙王"。钱镠趁此下令道："潮神让路了，明日起，征调二十万民工修筑海塘！"

在他的率领下，士兵和民工都忙碌起来，他们非常兴奋地准备着，丝毫不知疲倦。同样是修筑捍海石塘，这一次，大家比任何时候都充满信心。根据钱镠的设计，士兵们找来最粗壮的大树和竹子，并一一砍伐，搬到岸边做木桩，也就是滉柱。集市上那个卖树苗的老汉也被士兵们找来了，他教大家把竹子剖开，编出成千上万个竹笼。大家在竹笼里填满泥土和石头，在海堤上每个滉柱之间填满密密匝匝的竹笼……

这样一来，坚固的海堤形成了，凶猛的海潮被阻挡了。此外，石塘还有蓄水的作用，便于灌溉钱塘江岸上的农田。在钱王的带领下，这条长 150 多公里、从六和塔筑到艮山门的捍海古塘，在耗时两个多月后，终于修成了。钱王满意地看着这壮观的捍海石塘，心潮澎湃，立刻宣布民众可以在海塘附近开垦荒地。老百姓听到这个消息后高兴得合不拢嘴，他们开垦土地的积极性得到充分的发挥。从此，这里"近泽知田美，境内无弃田"。

这一切令钱王很满意，他还在海塘上设了三个（一说一个）铁幢。那是箭杆形的笔直的铁柱子，一部分插入海塘，一部分在地面上，用来测量水位。为了便于大家观察和记录水位的变化，钱王又下令修建凉亭，把铁幢包围在凉亭中间。

"筑塘以石，自吴越始"，从此，坚固的海塘挡住了汹涌的海潮，经历多少风浪也岿然不动，它日夜保护着吴越国百姓的财产与生命安全。不仅如此，捍海石塘还奠定了杭州的城市格局。以后的朝代，捍海石塘也经过了不同规模的修缮，直到清朝雍正年间，还有一部分海塘屹立在岸上。

漫长的岁月里，捍海石塘被淤泥覆盖，又形成新的陆地，一代又一代的百姓在附近劳作、生活。此后，其中一个铁幢的周围也出现了一条街巷，人们追念钱王的功绩，把箭形的铁幢所在的地方称作“直箭道巷”。

八卦田：千年籍田留“八卦”

八卦田位于杭州市上城区玉皇山南麓，风景秀丽，距今有近千年的历史。远远望去，只见河流环抱的土地呈现出正八边形的形状。它被十分整齐地分成八个大的板块，里面种着八种不同颜色的农作物，仿佛是哪路神仙在此留下了一个巨大的八卦阵。最中间的部分最高，是一个圆圆的土墩，种着不同颜色的树，从空中俯瞰，可以清楚地看到，这土墩上的树栽种得独具特色，正好形成八卦阵中心那半阴半阳的太极图。八卦田是南宋时期皇室籍田的遗址，正如“旧时王谢堂前燕，飞入寻常百姓家”这句诗所蕴含的意味一样，如今八卦田也是寻常百姓周末郊游的好去处。

籍田，是一种古老的仪式，可以追溯到原始社会。每逢春暖花开，部落首领会选定某一个日子，在土地上叩头，祈求丰收，然后带头耕种，接下来，其他人才能扛着工具走向田野，开始大规模的春耕。从这个仪式里足以见得，远古时期，人们重视耕种的意识很强。到了周朝、汉朝，还有专门的官员主管籍田，他们的职务叫“籍田令”。这时候的籍田，有复杂的仪式。一样是在春天的某个黄道吉日里，浩荡的皇家队伍从宫中出发，来到社稷祠庙里，皇帝用“三牲”（即牛羊猪）等祭品祭祀土神、谷神，接着带领百官叩拜。这个盛大的仪式礼节繁琐，按部就班，不能有丝毫差错。祭祀完毕后，籍田令会带领皇帝和文武百官去专门的地方耕田。到了田地里，皇帝拿着早已备好的农具在地里三推三返，官员们则根据官职的等级依次递增，五推五返，七推七返，甚至十二推十二返。这之后，那些替皇家种地的庶民们就开始耕耘土地了，此后，京城以及更远处的百姓们也陆陆续续地进行一年的春耕。

籍田是我国古代以农为本的农耕文化的缩影，古代帝皇通过这个神圣的仪式表达对农业生产的重视，并祈求来年风调雨顺、五谷丰登。朝代的更替中，不断有皇帝取消籍田，但又不断有皇帝重新设置籍田。

1127 年，靖康之变，宋徽宗和宋钦宗被金国所俘，宋高宗赵构继承皇位后迁都到临安。最初的几年里，金兵南下时，赵构常常撇下百姓，带一帮近臣在逃亡的路上辗转奔波，百姓受尽折磨却敢怒不敢言。接下来朝廷稳固了，他仍然消极面对金兵，甚至杀害忠良。朝廷的腐败、皇室的奢华，这一切都引起杭州百姓的不满，尤其是岳飞被害以后，大街小巷到处有人议论朝政。这些话传到宫中，赵构也开始不安起来，百姓的口碑太重要了，长期这样议论下去，皇室的颜面往哪里搁啊，要是影响江山的稳固可怎么行？

有人给赵构出主意：“都城南迁后尚未有过籍田之礼，不如开辟一块地来让皇室耕种，以表达圣上与庶民同甘共苦之意，那些刁民的流言自然就少了。”

赵构一听，这主意甚好！籍田仪式不难，但仪式之后得亲自耕地，赵构一想到自己和宫里的妃嫔们得去种地，心里就颇有些不痛快。那个出主意的官员看出了赵

大地如画八卦田

构的心思，赶紧讨好地说："圣上只需要下一道圣旨，说要开辟土地、行籍田之礼，至于仪式后怎么耕地，不必让庶民们看到啊！"赵构觉得此言甚善，便把此事交给这个官员去全权负责。

果然，圣旨一出，杭州百姓们都很欣喜和振奋，原来皇上也有体察百姓疾苦之心。他们议论纷纷，都想看看天子和皇亲国戚耕地的样子，都盼着第二年春耕的日子早点到来。

那负责开辟籍田的官员找道士看了风水，说是玉皇山下这块土地最为上乘。官员有点忐忑了，当初保证不让百姓看到圣上耕地，可到了这玉皇山上，就可以俯瞰这块土地，难道每次都派御林军把整个玉皇山都守住？道士说：“这有何难？待我去禀报圣上这籍田怎么开。”

赵构听了道士的安排，非常满意，还重重地嘉奖了他俩。根据道士的布局，这里很快就开辟出一片八卦形的土地来，这土地的每个角上打下八个大桩，竖起八根粗壮的柱子，再覆盖上牛皮帷幕。这样一来，皇室只需要祭祀天地，下令春耕，做做样子，而并不一定要在里面亲自种地，那些脏活累活都交给太监们打理就行了。

杭州城里的百姓盼啊盼，终于等到了第二年春天。他们早早地来到玉皇山上，只见一个八边形的大篷把土地覆盖着，都非常吃惊。接下来，皇帝向天地行叩拜之礼，祭品丰富，礼仪周到。然而，春耕的地方却依然神秘，皇上怎么种地？地里种的什么？为什么要把地弄成这样的形状？百姓们有太多的疑问啦。

籍田仪式完毕，百姓都要忙着春耕，也没有空闲去想那皇家的事情了。过了好长一段时间，牛皮帷幕揭开了，里面土地竟然是个八卦阵的模样，种了水稻、大麦、小麦、小米、大豆、小豆、高粱、玉米等共八样农作物。道士向百姓解释：这是八卦田，这八卦的八方象征天、地、雷、风、水、火、山、泽八种自然现象，可以除凶避灾，有助于大宋黎民苍生生活安定、岁岁丰收……

不过，近几年随着考古和考证工作的推进，“八卦田是宋籍田”一说受到质疑，它很有可能是吴越国郊坛遗址所在，等待翻开故事新篇。

龙翔桥："龙翔九天"说理宗

杭州市上城区的学士路与延安路交接的区域都叫龙翔桥。外地游客来到这里，常常会感叹：这地方真好，交通方便，吃的穿的玩的，样样都有，最重要的是还有美景——这里离西湖特别近。感叹之余，人们还会好奇地问：龙翔桥的桥在哪里呢？随着城市的发展，桥已经不在了，桥下的西河也没有了。那龙翔桥是怎样得名的呢？

龙翔桥得名于龙翔宫，曾经是南宋皇帝赵昀住过的地方。

赵昀出生于1205年，最初叫赵与莒，是宋太祖赵匡胤之子赵德昭的九世孙，当时，宋宁宗赵扩在位，赵与莒这一脉与皇室已经十分疏远，他的一家流落民间，几乎与平民无异。

当时在位的宋宁宗有九个亲生儿子，全部早夭。宁宗无奈，先后派人找来皇族的赵询、赵竑，并收为养子，但赵询二十多岁就死了。赵竑因多次在寝宫里谩骂权臣史弥远，被史弥远派去的仆役听到了。史弥远担心赵竑将来即位后，会对自己不利，便命令亲信余天锡：一定要找到更适合做傀儡的皇位继承人。

余天锡曾在史弥远家做塾师，他生性谨慎，深得史弥远的信赖。一次，余天锡乘船去越州（今浙江绍兴），忽然下起大雨，他便去河边一位姓全的保长家避雨。全保长非常热情，命家人准备了一桌丰盛的宴席来款待他。席间，还让暂住家中的两个外甥来与余天锡相见。这两个少年，大的叫赵与莒，小的叫赵与芮。两人都温文尔雅，谦逊懂礼，深得余天锡的好感。交谈中，余天锡才得知，这两个少年竟然是太祖皇帝的十世孙。他立刻想到宰相史弥远的托付，便又把他们打量了一番，还细致地询问了两人的兴趣爱好，甚至包括正在读的书籍。

回去后，余天锡把所见的情况汇报给史弥远。史弥远非常高兴，立刻召见这两个少年，他认为赵与莒有富贵相，更适合做太子的候选人，但他又担心事情被泄露出去，于是匆匆地派人把他们遣送回去。此时，全保长以为已经和宰相攀上了关系，正到处炫耀自己的外甥，说此儿出生时天降祥瑞，日后必然富贵。乡里人见赵与莒兄弟被送回，便嗤笑全保长利欲熏心，全保长十分沮丧，从此对赵与莒十分冷淡。

一年后，史弥远见宋宁宗时常生病，便又想起赵与莒，他命人把赵与莒安排到后市街的一处屋舍，让赵与莒改名为赵贵诚，并让余天锡的母亲教他读书，还安排人教他学习宫廷的礼仪。不久后，在史弥远的安排下，赵贵诚继承了沂王的王位。

南宋嘉定十七年（1224），宋宁宗病逝。据《东南纪闻》记载，宋宁宗病危的时候，史弥远进献过上百粒金丹，宋宁宗服用后不久就去世了。史弥远立刻篡改遗诏，废掉原来的太子赵竑，立沂王赵贵诚为皇帝，即宋理宗。史弥远是炙手可热的权臣，毒死宋宁宗的嫌疑确实很大。

赵贵诚后又改名为赵昀。就这样，经过一些周折也遭遇过不少非议之后，赵昀被史弥远扶上皇位，由平民百姓变成了一国之君。

赵昀当上皇帝后，他的舅父全保长制造了很多舆论来巩固其皇位，说赵昀是真龙天子下凡。于是，民间关于赵昀小时候的传闻越来越多，越来越神奇。有人说皇上出生的时候，家里呈现五彩祥瑞；还有人说皇上小时候午睡时，别人看到过他身上的龙鳞……关于这些传闻，赵昀不置可否，心里却是十分满意。后来，他把后市街上自己曾经住过的宅院赐给一个道士，让他把这里修成道观，并起名叫龙翔宫。“龙”是指他自己是真龙天子，“翔”则暗喻自己从此地“龙翔九天”，“飞”上了皇帝的宝座。

赵昀一生没有什么特别重大的建树，然而，有一项功劳却值得被后世纪念。南宋淳祐九年（1249），宋理宗赵昀下旨，在临安创建慈幼局，专门收养那些被遗弃

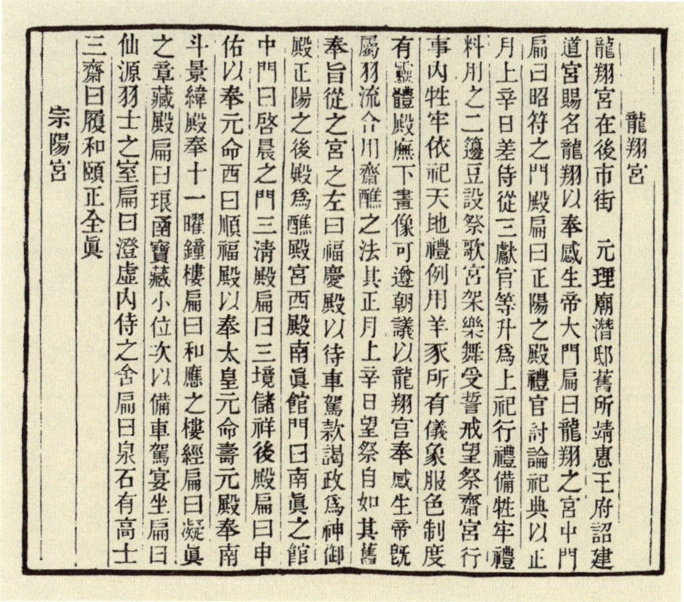
龍翔宮
龍翔宮在後市街　元理廟潛邸舊所靖惠王府詔建道宮賜名龍翔以奉感生帝大門扁曰龍翔之宮中門扁曰昭符之門殿扁曰正陽之殿禮官討論祀典以正月上辛日差侍從三獻官等升爲上祀行禮備牲牢禮料用之二籩豆設祭歌宮架樂舞受誓戒望祭齋宮行事內牲牢依祀天地禮例用羊豕所有儀象服色制度有靈體殿廡下畫像可遵朝議以龍翔宮奉感生帝既屬羽流合用齋醮之法其正月上辛日望祭自如其舊奉旨從之宮之左曰福慶殿以待車駕款謁政爲神御殿正陽之後殿爲醮殿宮西殿南眞館門曰南眞之館中門曰啓晨之門三清殿扁曰三境儲祥後殿扁曰申佑以奉元命西曰順福殿以奉太皇元命壽元殿奉南斗景緯殿奉十一曜鐘樓扁曰和應之樓經扁曰凝眞之章藏殿扁曰琅函寶藏小位次以備車駕宴坐扁曰仙源羽士之室扁曰澄虛內侍之舍扁曰泉石有高士三齋曰履和頤正全眞
宗陽宮

〔宋〕吴自牧《梦粱录》载“龙翔宫”

的初生婴儿。朝廷给予官田五百亩，用这个田产的收入来作慈幼局专门的开销，并且安排临安城里刚生了孩子的妇女来喂养这些弃婴，允许那些没有子女的人自愿领养弃婴。不仅如此，宋理宗还下诏，要求“天下诸州建慈幼局”，“必使道路无啼饥之童”。从那之后，弃婴得到了安顿，婴儿的死亡率也大大降低，慈幼局几乎是世界上最早的官办孤儿院。宋理宗赵昀也因此事受到百姓的颂扬。

赵昀幼年时生活贫困，寄居在舅父家里大概也遭遇过诸多难言的尴尬，好在他即位后，能够慈悲为怀，拯救弱小生命。这一方面，实在功不可没。

到了元朝，龙翔宫在一场大火中被焚毁，人们决定异地重建龙翔宫，于是，在浣纱河的支流西河的旁边修建了新的龙翔宫，还把横跨在西河上的桥叫作龙翔宫桥，简称龙翔桥。清朝初年，这里修建旗营，龙翔宫再次被毁。20世纪70年代，城市迅速发展，浣纱河被填河筑路，龙翔桥也被废弃，但“龙翔桥”这个地名却一直保留了下来。

梅花碑：看梅石此间，问帝宫何处

梅花碑是石碑的名字，也是地名。现在，这个石碑就在上城区的佑圣观路梅石园中，因此，人们把梅石园外的街道也称作“梅花碑”。其实，这个安静矗立的梅花碑并不是最初那个饱经历史沧桑的石碑，但杭州人民把它立在此处，也是历尽艰辛，费尽周折。梅花碑，对于杭州而言，一直有着非同寻常的意义。

梅花碑的历史可以追溯到南宋时期。当时，这一带归属于皇室，还只是一片空地。有一次，奸臣秦桧听风水先生说，这里“有郁葱之祥”，便立刻动了念头，要把这块地弄到自己名下。得到宋高宗的应允后，秦桧暗自得意，又招募天下能工巧匠，在此建了秦氏府第。秦桧认为，住在此处，必能永世吉祥富贵。但这自然成了妄想，秦桧一死，朝廷就把这里收回，并大兴土木，重新修建了华丽的德寿宫。此时，宋高宗已经将皇位传给宋孝宗，正乐得清闲，于是就搬到德寿宫内安度晚年。德寿宫规模宏大，内有各种亭台楼阁，假山池沼，还遍种了各色花木，春天桃李芬芳，夏天荷花亭亭，秋天金桂飘香，冬天梅花傲雪，一年四季，花开不败。宋高宗身在此间，既有世外桃源的清净，又享有都城的富丽繁华，他感到十分惬意。不久，宋高宗又命人在天下搜罗奇石。

待那些从各地运往京城的奇石一摆进来，德寿宫里就更是增添了一番意趣，奇石与花草树木相互映衬。其中有一块形状独特的芙蓉石，深得宋高宗的喜爱。宋高宗命侍从们把它搁在一棵枝干嶙峋的梅树旁边。

德寿宫格调高雅，宋高宗之后，几位皇太后也来此居住过，之后，宋孝宗也曾移居德寿宫。皇室宗亲们都很喜欢那梅石相伴的景致，他们赏花，赏石，吟诗唱和，十分热闹。

然而，1206年，德寿宫里突然遭遇一场大火，几处殿堂被烧得一干二净。此时的南宋朝廷已经不再有昔日的财力，无法修复德寿宫了。德寿宫里的许多梅花树也惨遭厄运，有的死了，有的被湮没在荒草丛中，那些美丽的景致，如同寂寞的花朵，凋落在时光深处。那块芙蓉石，也被移到别处的宫殿。

南宋灭亡。

元朝灭亡。

刀光剑影，鼓角争鸣，王公贵族的故事都暗淡在岁月的长河里。芙蓉石也在王朝的更迭中几经辗转，有时被遗忘，有时被珍藏。

在我国传统文化中，梅花代表坚忍与高洁，所以它历来被人们喜爱，人们在诗词里称赞它，在庭院里种植它，借它美好的气质和神韵表达自己的精神寄托。南宋如此，明朝也是如此。

明朝末年，朝廷在德寿宫旧址这一带设有署理木税的南关工部分司。庭院里种植着几树梅花，当年德寿宫

梅花碑

里那块芙蓉石也被重新摆在梅花跟前。有一位叫蓝瑛的画家，还把梅花与芙蓉石相互映衬的美景画了下来。蓝瑛，钱塘（今浙江杭州）人，是浙派后期代表画家之一，擅长画山水、花鸟、梅竹。有一次，他来到此处，见到庭院里的梅花与芙蓉石后，久久徘徊，不舍得离开。眼前的梅花，疏影横斜，暗香浮动，片片花瓣像凝脂又似玉屑，微风过后，几片花瓣飘落在芙蓉石上，越发映衬得芙蓉石温润洁净。梅与石，构成一幅独特的景观。蓝瑛沉思良久，暗下决心，一定要把这独特的景观描绘下来，留后世欣赏！此后几天，蓝瑛如同着了魔一般，一有空闲，便在书斋里沉思、冥想、构图，几乎是到了废寝忘食的地步。后来，他终于把梅花和芙蓉石画下来了，并给它起名叫《梅石双清图》。

杭州城的文人雅士们争相来蓝瑛家中欣赏画作，他们对此画赞不绝口。有人提议：不如拓下来，刻成碑，搁在南关工部分司的庭院里。这个提议很快就被采纳。官府找来最好的工匠，挑选最好的石头，把这《梅石双清图》刻在石碑上。这个石碑，被人们称作“梅花碑”，而“梅石双清”四个字被写成题额，挂在议事厅门上，与梅花碑相互呼应。

清乾隆十六年（1751），乾隆皇帝第一次南巡。到杭州时，他特意问起梅花碑的事，地方官员们就把皇帝的仪仗队引到德寿宫旧址前。乾隆仔细地鉴赏了梅花碑，认为它是难得的精品。此时芙蓉石也在，梅花开得十分繁茂。此后，乾隆三十年（1765），乾隆皇帝第四次南巡，到达杭州时，他又想起了梅花碑。当他兴致勃勃地再到此处来看时，梅花却已经枯萎，梅花碑也有残破的痕迹，唯有芙蓉石还和十多年前一样。乾隆有些不悦，地方官们也十分尴尬，他们后悔没有好好保护此处旧址。有人赶紧建议道："皇上喜爱芙蓉石，可以移送到京城。至于梅花碑，也可以立刻命令工匠摹制出一块一模一样的，一起送到京城。"乾隆听了这话，似乎很满意，他说："把梅花碑移到京城，摹制的那块留在杭州。"官员们立刻照办不误。

岁月悠悠，朝代更替。几百年风云转瞬而过。

1988 年，杭州市上城区政府重建梅石园，然而，梅花碑却已经在"文革"期间不知去向。没有梅花碑的梅石园无疑充满了缺陷，仿佛画龙已成，而点睛之笔迟迟未出现。杭州人民翘首企盼，希望早日找到梅花碑。直到 2007 年，杭州历史学会的丁云川先生终于找到当年移送京城的那块梅花碑的踪迹，原来它已经被移到北京大学的校园里。上城区政府于是着手重建梅花碑。在很多部门的努力下，梅花碑的拓本复印的问题、石碑上风化的文字和印章等技术难题，都全部得到解决。新的梅花碑由中国书法家协会的沈立新先生镌刻制作。

2009 年，梅花碑重新回到杭州城的怀抱，重新立在梅石园的梅花亭里。梅花亭上还有一副楹联："看梅石此间，问帝宫何处。"它大约概括了梅花碑的前世今生吧。

大明山："日月同明"好屯兵

从放牛娃到小和尚，再到明朝开国皇帝，朱元璋一生的经历实在堪称传奇。史书上评价他是卓越的军事家，也是勤政廉政的杰出君王。民间关于他的传说很多。杭州临安区的大明山一带，也流传着很多关于他的故事，连大明山也是因他而得名的。相传，大明山原本叫日月山，因为朱元璋在此屯兵反元，最终建立大明王朝，其名方才改为"大明山"。

因为排行第八，朱元璋小时候叫朱重八，因家里很穷，他很小就替地主家放牛，以此养活自己。一有空闲，他就到地主家的私塾前听读书，慢慢地也粗通文墨。元至正四年（1344），朱重八才十七岁，濠州（今安徽凤阳）发生旱灾，紧接着又发生蝗灾和瘟疫，他的父母和大哥都死于灾难中。走投无路之际，朱重八去附近的庙宇里剃度为僧人，希望能谋得一口饭吃。然而不出两月，寺庙也因缺乏施舍而难以维持。朱重八只好以化缘为名，四处云游，乞讨为生。二十五岁那年，朱重八刚好遇到郭子兴领导的红巾军起兵反抗元朝，便毫不犹豫地加入他们的队伍。每次打仗，他都骁勇善战，功劳显赫。郭子兴十分赏识他，任命他当了义军的小头目。

水墨大明山

在反元战斗中，起义军取得很多胜利，但也因内部矛盾不可调和，而屡次陷入困境中。至正十三年（1353），朱重八外出募兵，郭子兴的部下排挤他，他便愤然离开了起义军，决心依靠自己的力量，开创反抗元朝的新局面。一次在临安，朱重八遭到元军的围剿，部下死伤惨重，只剩下他孤身一人拼命逃跑。元军穷追不舍，想活捉他回去领赏。朱重八逃到日月山附近，眼看追兵已经很近了，他也累得精疲力竭，他四处张望，希望能躲过一劫。正巧路旁有两棵粗壮的银杏树，树干相互交错，都长得枝繁叶茂。他赶紧爬到树上，蜷曲在一个树干的分叉处，刚好能被枝叶遮蔽起来。元军没有一人留意那大树，自然也没有发现他。看着气势汹汹的元军士兵们消失在路的尽头，他便从树上跳下来，对着银杏树作揖感谢。他认为自己获得了重生，便新改了名字叫朱元璋。

朱元璋逃到附近村民那里，向他们打听周围的情况。他了解到附近这座日月山的山巅平坦，广达千亩，名为“千亩田”，山上还有一座名叫惠昭寺的禅院。朱元璋便决定暂时留在这里，先到惠昭寺重操僧人旧业，暗暗潜伏下来。

白天，朱元璋在山里察看地形，他把每一座山头、每一处溪流都弄得一清二楚。有时候走累了，他就倒在一块大石头上，望着蓝天上的悠悠浮云，思考着天下的大事。他渴望推翻元朝，但是这又谈何容易？为了银钱粮草，为了招兵买马，他常常愁得寝食难安。虽然，手下已经暗暗招募到一些士兵，但是距离开创大业还有多么漫长的道路啊！

这个时期，发愁的不只是朱元璋，还有另一个博古通今之人，他叫刘基，字伯温。后世称赞的“三分天下诸葛亮，一统江山刘伯温”说的就是孔明先生和他。刘伯温是浙江青田（今浙江文成）人，曾任元朝江浙省元帅府都事，因不满元朝统治者的腐败昏庸，一怒之下辞官回归田园。回乡以后，处处所见都是民生凋敝的景象，刘伯温感到十分痛心。夜观星象，刘伯温知道天下有变，便借游历名山大川为借口，伺机寻找明君，共图大业。这天，刘伯温来到日月山。天色已晚，他沿着树丛间的小径不停赶路。忽然听到有人在吟诗：

天为罗帐地为毡，
日月星辰伴我眠。
夜间不敢长伸脚，
恐踏山河社稷穿。

“好诗啊！”刘伯温不禁赞叹道。他循声望去，只见一个彪形大汉伸开双臂仰面躺在一块大石头上，仿佛一个浓墨写成的“天”字。刘伯温正想着那“天”字的一横是什么，怎么看不清楚呢？没想到那大汉吟完诗后，一把扯下头上那一“横”盖在自己身上，又翻了个身，侧身而卧。原来这一“横”是一件褂子啊，起初被大汉用作了“枕头”，转眼间又成他的“被子”了。这大汉不顾天色已晚，还酣睡不醒，真是奇人。而其诗更奇，不仅应景，还气势非凡！刘伯温暗暗吃惊，再看石头上，那人侧身而卧分明还像一个“子”字，两字合在一起——“天子”？刘伯温猛然一惊！莫非这就是未来的圣主！他赶紧整理衣帽，恭敬地上前叩头道：“叩见天子，叩见吾皇！”睡得迷糊的朱元璋被这叩拜声骤然惊醒，他立刻起身，慌张地扶起刘伯温：“妄言啊，先生切不可妄言！”刘伯温环顾四周，周遭空山不见一人，便把刚才的一幕描述给朱元璋听，他接着说：“天意不可违！不可违！”

两人一番自我介绍，顿时相见恨晚。他们携手而谈，共商大计，还各自讲出对天下形势的判断。

几天后，刘伯温对日月山周围也做了清楚的了解，他告诉朱元璋：“日月山是好地方，日月为明，将来圣主称帝后即可以定国号为‘明’。”朱元璋大喜：“好啊，这‘明’字包揽了日月，可照耀千秋万代！”刘伯温接着说：“千亩田地形很好，一马平川，可以用作练兵之地，一边临万丈深渊，正好易守难攻。”朱元璋叹道：“万事俱备，只欠兵马啊！”他俩极目远眺，除了漫山遍野的山核桃迎风飒飒而响，再无他物，可这山核桃做不了武器，也敌不过士卒啊。

斋堂里飘出了水煮芹菜的清香，该吃饭了。刘伯温沉思良久，忽然眼前一亮，他就近摘下几颗山核桃，直奔厨房而去。他把山核桃青涩的外皮去掉，再放锅里煮，然后捞出来。水淋淋的山核桃已经没有了涩味，刘伯温尝了一颗，不太满意，凝神想了想，又把其余几颗煮过的山核桃放火上烤。烤着烤着，一股奇异的香味在惠昭寺周围飘散开来。僧人们、新招募的士卒们纷纷循着香味过来，他们很想看看，刘伯温在做什么。所有人都没有想到，原来是山核桃的气息！

那以后，朱元璋和所有的僧人、士卒一起，每日摘下很多山核桃，去皮，煮熟，烤干……他们还发动山下的百姓也来烤制山核桃。大明山附近，常常被山核桃喷香的气息萦绕。

自此，一批又一批的山核桃被刘伯温运到周围的城市，换成银子。他们偷偷地招兵买马，队伍越来越壮大了。

不久，郭子兴生病去世。临终前，他命人找来朱元璋，把队伍全都交给了朱元璋，嘱托他好好带兵。此时的朱元璋麾下也有几千名士兵，他每天坚持带兵操练，而且，还结交了很多仁人志士，暗暗集聚了一大股力量。有了郭子兴的队伍，朱元璋的实力更强大了。几年里，他逐渐成为一名用兵如神的农民起义军领袖。

后来，朱元璋终于推翻元朝统治，建立了大明王朝。按照当初刘伯温的建议，他把日月山改名为大明山，还派人给惠昭寺送去“与国同休”的匾额。僧人们把这匾额上的字拓下来，刻在石碑上。至今石碑还残存在大明山上。从那以后，人们把大明山下的村子叫作“大明村”，把临安的山核桃称作“大明果”。

万寿亭街：街以亭名寿无疆

万寿亭在杭州市拱墅区，附近这条街以亭名为街名，叫万寿亭街。这条街东连直戒坛寺巷、西达武林路。街名的来历与康熙南巡有关。

康熙是历史上在位时间最长的皇帝，还开创了康乾盛世的局面。他曾六次南巡，其目的绝不是像部分古装电视剧里所描述的那样，欣赏风景、吃喝玩乐、巧遇恋情……自康熙即位后，平定三藩之乱、收复台湾等，都取得了可喜的胜利，然而这些军事行动却造成人口急剧减少、大片的土地荒芜等问题。康熙南巡，除了监察治理黄河以外，更重要的是检查吏治，促进生产，安抚民心。江南历来是富庶之乡，人才荟萃之地，故而也是康熙南巡的首选之地。

康熙二十八年（1689），康熙帝时年三十五岁，正是精力旺盛，大展宏图之际。正月初八，他带着几位内臣以及仪仗护卫队，按照计划，从京城浩浩荡荡地出发，开始第二次南巡，并为此特意下旨："沿途供应，均不准取自民间，凡经过地方，百姓各安其业，严禁地方官及扈从人员借机滋扰。"

事实上，康熙也尽量做到了不浪费和不扰民。他们一行到了直隶文安县时，地方官正在分派民众修路迎接圣驾，康熙立刻制止。到山东后，百姓夹道欢迎，康熙问及百姓收成，将山东地丁正赋全免。此后，又很快免去江南省历年所欠下的白银二百二十余万两……沿途百姓无不欢呼叫好。接着，康熙视察河道，他指着河图对在场的地方官说：“既不能纸上谈兵，也不可以因循旧说，必须深入研究地形水势，因时而变。”地方官们连连称是。到正月二十八日，南巡航船到达扬州，百姓已在河道两岸张灯结彩，沿途叩拜。康熙担心有损财力物力，下令后面其他郡县不准仿效。等到他们到了吴江县的时候，地方官已经等候多时，他们来迎接圣驾，还带着精心准备好的五百艘画舫。康熙虽喜爱热闹，对画舫也有几分欣赏，却因担心此举沿袭下去，浪费颇多，便坚决拒绝上船。

康熙还未到达杭州，他减轻百姓赋税，主张节俭的举措已经深得民心。杭州百姓不敢再像吴江县或者扬州府那样铺张，于是打算到处修建碑亭，称颂康熙的美德。但康熙依然认为此举有损民力，一到达杭州，就把这些行为制止住了。康熙被杭州的锦绣山河所吸引，但对那些力图劝他逗留在杭州的官员却概不准奏。他对官员们强调，如果在杭州待的时间过长，势必打乱这里的正常生活秩序，影响百姓的生活与生产。

这一日，康熙一行到达武林门一带，杭州百姓早已经恭候在那里。那里刚刚建好一座亭子，以备皇帝小坐。康熙于是在此处停留，他对在场的官员说：“浙江等地民众应该保持节俭、礼让的民风，不能浪费。作为人文荟萃之地，江南等地童生的数量应当酌情增长。”官员们无不点头称赞。康熙环顾四周，又缓缓说道：“朕此次南巡所经过的地方，除了十恶不赦之人，所有在这一年二月十一日前定罪的犯人，全部予以释放。希望他们好好做人，再不犯科条律令。”围观的百姓无不称好。

康熙接着下令道：“免去杭州这一年的所有田赋。凡是八十岁以上的老人，赏赐粟米和布帛，七十岁以上的，免去他本人的徭役。”话音刚落，地方官们已经叩头谢恩了，在场的百姓更是喜不自禁，纷纷磕头，连呼“皇上万岁”。一位地方官员趁此进谏：“百姓建亭子的本意就是为了恭祝万岁爷圣寿无疆，不如就把此亭叫作万寿亭吧。”康熙起身打量了一下亭子，再看百姓还在谢恩，有不少百姓还在擦拭眼泪，不禁满意地说：“好，此亭就叫万寿亭。”

离开杭州后，康熙又去了苏州、南京等地，然后返回京城。

就这样，万寿亭和万寿亭街在康熙第二次南巡时得名了，康熙主张节俭，仁厚对待百姓的故事也流传至今。

万寿亭

立马回头：乾隆立马再回眸

“立马回头”如今在杭州市西湖区梅灵北路上，是一个小小的公交车站点，但这地方却因乾隆皇帝驾临而得名，直到现在，民间依然流传着乾隆皇帝“立马回头”的故事。

清乾隆三十年（1765），乾隆皇帝第四次南巡。他来到杭州时，正值初春，万物复苏，连日的阴雨天气已经结束，阳光洒在新绿的枝叶上，一切显得生机盎然。乾隆心情大好，每次来到杭州，他都要去敷文书院召试浙江生员，以此选拔人才。敷文书院即现在的万松书院，为明弘治十一年（1498），浙江右参政周木在宋报恩寺旧址上所改建，后来因康熙南巡到此，为书院题写过“浙水敷文”，所以曾被改名为敷文书院。这天，乾隆皇帝的仪仗队从敷文书院出来，沿着西湖一路向西，经过净慈寺、漪园等地。那时候，天竺三寺的香市极具盛名，乾隆饶有兴致地要去灵隐寺和天竺三寺一带看看。

早春二月，春光明媚，杏花浅白，柳丝嫩黄，趁雨过天晴，香客们都出城来赶香市了。他们怀着虔诚的心情，挎上朝山进香用的土黄色布袋，三三两两地沿着普福岭往天竺三寺走去。因为乾隆要去寺庙，先行的仪仗队已经来此处命令香客们退后、肃立。普福岭上，两边都挤满了香客，老的小的，人们紧张而兴奋，早就听说圣上要来杭州，眼下还能够近距离看一眼天子真容，这可是普通老百姓从来都不敢梦到的事。他们有的伸长脖子，有的踮着脚尖，远远地，只见皇帝的队伍慢慢朝山上走来了。

乾隆没有坐轿子，他骑着马，想趁着这春光无限，好好地欣赏一下沿途风光。慢慢地到了普福岭上，眼前的情景让他有点吃惊，路边站满了百姓，他们的脚上鞋上沾满了泥泞。再看眼前这条路，因为刚下过雨，被踩踏得高一处低一处，稀泥翻卷过来，就像春耕没有结束的农田。乾隆心里不悦，脸色就阴沉了。

在往灵隐寺、天竺三寺去的路上，乾隆也不再像先前那般健谈，先前见了什么都要问一下随行的官员，现在只是沉默不语。那些负责陪同的地方官们，个个心里忐忑不安，天气已经雨转晴了，万岁爷的脸上却是晴转

立马回头

阴，这是啥道理呢？众人一琢磨，不禁恍然大悟，万岁爷是对这路不满意！平常走的可都是铺了毡子的路，哪里想到这次他偏要骑马，还走的是雨过天晴的山路。地方官明白这个道理后，立刻紧锣密鼓地安排，把路修好，弄平整，越快越好。江南是昌明隆盛、诗书簪缨之地，不能给圣上留下不好的印象啊！

乾隆一行人继续往前，对身后的事情并未察觉。到了灵隐寺、天竺三寺，宝相庄严，佛音缭绕，乾隆上香、拜佛，恢宏的场面令他心情慢慢变好。庙里的主持早已经无数次清扫，给圣驾安排了最好的禅房。

离开天竺三寺的时候，也是上午时分。浩浩荡荡的仪仗队从寺庙里出来后，就往九里松一带走去。当他们再次经过普福岭的时候，骑在马上的乾隆却勒住了缰绳，朝那条下山的路回头看去：路还是来时的路，但好像又不是来时的路了。这条路比先前要平整宽阔许多，连路旁的杂草也被清理过了，一切显得干净而整洁，仿佛是一条刚刚修建的新路。乾隆立马回头的一幕被陪同的地方官尽收眼里，他们赶紧下马上前禀报：昨日已安排衙役们把这条路重新修过一遍，圣上也可以从这里下山去西湖。

乾隆立马沉吟片刻，笑道："不必了。"看得出，他对眼前这条道路十分满意，对地方官的办事效率也颇为欣赏。

此后，人们再上山进香，都知道乾隆曾在此立马驻足，回头凝望，人们便把这里叫作"立马回头"。近年来，它还成为网红的公交车站，许多游客都喜欢来这里一睹此地"芳容"。透过这个站牌，他们仿佛看见乾隆当年"立马回头"的一幕。

哑巴弄：曾让乾隆成哑巴

哑巴弄在杭州市拱墅区，一端连着湖墅北路，一端与和睦路相接。可能有人会诧异地问："难道这里住过一个哑巴，所以叫哑巴弄？"答案当然是否定的，杭州的每一处地名，要么很风雅，要么有渊源，绝对不会这么草率地起名。况且，这样起名也太不尊重人啦。

哑巴弄过去曾叫夏罢弄，因为明朝有一个姓夏的廷尉罢官以后住在这里。但它为何改名叫"哑巴弄"呢？说出来课时要吓人一跳的：这里，曾经有一户人家，让乾隆皇帝哑口无言，短时间内成了"哑巴"，巷子故而得名。

乾隆是清朝的第六位皇帝，在位时间长达六十年。他曾经六次下江南，每次都被杭州的锦绣山河所吸引。他的游览路线从北向南，经过南京到达扬州、苏州，然后到了杭州。有人说，这个皇帝穷奢极欲、劳民伤财，就惦记着那江南的秀色。也有人分析，乾隆南下，并不是单纯地为了游山玩水，早年清兵入关，在南方造成很多杀戮，士大夫们不愿意入仕，很多年过去，还有不少人头脑里装着"反清复明"的念头。乾隆几次下江南，其实也希望笼络人心，进而选拔贤能。

这一年，乾隆又来到杭州，正在游览京杭大运河的时候，他忽然对前呼后拥的仪仗队感到腻烦。他见沿途风光宜人，百姓们来来往往，一派安闲和乐的景象，不禁想到应该微服私访，深入地了解百姓的生活。于是，他换了便装，下了船，沿着河岸步行，几个武艺高强的贴身护卫也轻装上阵，跟在乾隆身后。一行人走过，仿佛一位翩翩的富贵公子带了几个威武的跟班。

乾隆皇帝就这样慢悠悠地走着，看着运河岸上野花繁密，听着浣洗衣服的女子清脆的笑声，一阵凉风拂过，他感到十分惬意。走着走着，他们就到了夏罢弄。那里的巷口矗立着一处大宅子，令人诧异的是，这个宅子的大门上，不像别处挂着“李府”“陈宅”之类的匾额，那匾额上竟然有五个大字——“天下第一家”。乾隆暗想：好大的口气！我这真命天子还没自称天下第一，区区小户人家怎么如此狂妄自大？这样一想，好奇心顿生，这户人家的“天下第一”是什么第一？富裕第一？德行第一？才华第一？乾隆觉得自己有必要去认识一下这个敢称第一的人家，说不定可以发现几个才华横溢的年轻人。想到这里，乾隆便命侍卫去敲门。大门吱呀一声打开，一位年长的看门人，向他们作揖施礼后，毕恭毕敬地问道：“客人姓甚名谁，可跟我家哪位主人有约？”乾隆想：朕是来微服私访的，可别不留神就穿帮了。他望了一眼门上的匾额，对看门人笑道：“我姓万，从京城来，已走过万水千山，从未曾见过这么气派的匾额，想请教你家主人这匾额的来历。”乾隆觉得大家都叫他“万岁爷”，所以姓“万”是很合理的。那看门人答道：“万公子请坐，小的这就去请主人。”

走进大厅，乾隆就看见一对年轻的小夫妻从后院走来，他们彬彬有礼地请乾隆上座，又叫仆人上茶。乾隆看着这对小夫妻，太年轻了，肯定不是主事的。不过，他还是耐着性子，把刚才的问题再说了一遍。果然，这对年轻的夫妻立刻涨红了脸，根本答不上来。那个丈夫拱手道："客人所问，我们无法作答，自我幼时起，这个匾额就挂在那里了。我们马上就去请父亲大人来回答您。"

一会儿，两对年长的夫妇从后院走出来，年轻的小夫妻则跟在他们身后。原来，这是小夫妻的父母以及祖父祖母。乾隆暗自发笑：这么个小问题，把你家三代都请出来了，可见，你们实在配不上"天下第一家"的称号啊！那一家三代中，为首的老者说："客人的疑问，我来作答吧。我家世世代代居住于京杭运河边，家教甚严。祖训有言：积财千万不如积德在身，结发夫妻要恩爱与共相濡以沫。我家世世代代都谨遵祖训，家庭和睦，夫妻恩爱，母慈子孝，是杭州城有名的书香门第。"乾隆听罢，哈哈大笑："这杭州城有名就能称天下第一吗？普天之下，莫非王土；率土之滨，莫非王臣。论权势，论富贵，论福报，能称第一的只有当今天子。你们小门小户怎敢妄称第一呢？"

"客人所言极是，天下第一应属于当今圣上。天子圣明，我朝百姓才得以幸福安康。"未见其人，先闻其声，屋后传来一个中气十足的声音，乾隆循声望去，内院又出来四人，说话的是一位苍颜白发的老者，有八九十岁的样子。乾隆暗想：这话倒是有理，可这说话的人又是谁？如此年老，难得精神如此好，声音如此洪亮。待他定神一看，那说话的老者很恭敬地走出来，还和一位老妇人搀扶着另外一对更老的夫妇，并服侍他们在大厅里坐下。

乾隆看那最老的老者，只见他脸色红润，眉毛胡须雪白，宛如仙翁下凡。乾隆便问老者高寿。老者捻着胡须，微微笑道："老身今年 108 岁了。刚才说话的是我儿子。"乾隆大吃一惊，这家人可不得了！刚才是三代人，

哑巴弄

现在又来两代人，难道他们是五世同堂？只听那百岁老者接着说："我们自称天下第一家，并不是论权势和富贵，而是论家风与孝道，权势与富贵可能会烟消云散，但家风与孝道可以永远传承。我家五世同堂，代代为结发夫妻。这位远道而来的客人，请您说一说，这样的家庭，天底下有第二家吗？"

一席话说出来，百岁老者依然气定神闲。乾隆一瞬间里竟然不知道怎么回答，仿佛成了哑巴。乾隆陷入沉思，屋里安静了半晌。百岁老者安排仆役们，立刻准备精美的饭菜来宴请客人。他觉得这个远道而来的客人气度不凡，要留他共进晚餐。而乾隆还在琢磨着这百岁老翁的话，想着这江南真是好风水，这五世同堂的一家子实在非同凡响，他微笑着打量他们，良久无语。

那天，乾隆决定，要把这"万公子"的身份坚持到底。

于是，在“天下第一家”吃了江南的美食，和老者相谈甚欢。酒酣之时，乾隆来了兴致，他说，你们这里叫什么“夏罢弄”，还不如改名叫“哑巴弄”，叫起来顺口。“哑巴弄”就这样出名了。

据说，几天以后，这家人才得知圣驾微服私访，一大家子恍然大悟——原来，那天来家里的客人就是当今皇帝啊！他们也愣了半晌，险些成了哑巴。

参考文献

1.〔汉〕司马迁：《史记·伍子胥列传》，岳麓出版社，2011年。

2. 建德县地名委员会主编：《建德县地名志》，1985年。

3.〔后晋〕刘昫等：《旧唐书》，中华书局，1975年。

4.〔元〕脱脱等：《宋史》，现代教育出版社，2011年。

5.〔宋〕吴自牧：《梦粱录》，浙江人民出版社，1980年。

6. 萧山县志编撰委员会编：《萧山县志》，浙江人民出版社，1987年。

7.〔清〕张廷玉等：《明史》，中华书局，1974年。

8.〔清〕李卫等修：《西湖志》，清雍正十三年（1735）刊本。

9. 钟毓龙：《说杭州》，载《西湖文献集成》第11册，杭州出版社，2004年。

10.〔清〕王同：《唐栖志》，载《杭州运河文献集成》，杭州出版社，2009年。

11.〔清〕丁传靖：《宋人轶事汇编》，中华书局，1981年。

12.〔明〕田汝成：《西湖游览志余》，浙江人民出版社，1980年。

13.〔清〕高鹏年：《湖墅小志》，光绪二十二年（1896）石印本。

14.〔清〕丁立诚：《修甫诗存》。

15. 杭州市地名委员会编:《杭州市地名志》,杭州出版社,2013年。

16. 杭州市江干区地名委员会办公室:《杭州市江干区地名志》,2006年。

17. 〔清〕黄士珣:《北隅掌录》,道光二十五年(1845)振绮堂刻本。

18. 徐士瀛等修:《新登县志》民国十一年(1922)铅印本。

19. 〔清〕龚嘉俊、吴庆坻:《杭州府志》,民国十一年(1922)排印本。

20. 浙江省萧山县地名办公室:《萧山县地名志》,1984年。

21. 〔宋〕薛居正:《旧五代史》,中华书局,1976年。

22. 临安县地名委员会编:《临安县地名志》,1983年。

23. 王丹、郝光荣:《乾隆为什么六下江南》,少年儿童出版社,2010年。

24. 吴理人:《乾隆与哑巴弄的传说》,新浪博客。

丛书编辑部

艾晓静　包可汗　安蓉泉　李方存　杨　流
杨海燕　肖华燕　吴云倩　何晓原　张美虎
陈　波　陈炯磊　尚佐文　周小忠　胡征宇
姜青青　钱登科　郭泰鸿　陶文杰　潘韶京
（按姓氏笔画排序）

特别鸣谢

仲向平　方龙龙　盛久远（系列专家组）
魏皓奔　赵一新　孙玉卿（综合专家组）
夏　烈　郭　梅（文艺评论家审读组）

图片作者

艾　琳　卢晓明　孙小明　张　可　陈建荣
陈晓波　周　宇　周　漫　周兔英　郑从礼
胡　鉴　俞梁波（按姓氏笔画排序）